欧洲的黄昏

在这部挑战成见的作品中，保加利亚学者克拉斯特耶夫反思了欧盟的未来——以及或许它不再存续下去的未来。在难民危机、右翼保守思潮崛起、英国的脱欧等现实因素的影响下，欧洲一体化的理想遭到强烈质疑。作者以东欧人特有的现实境遇和历史视角，分析欧盟正在遭遇的前所未有的危机。他带领读者一同思考，如果欧盟开启了解体进程，欧洲大陆将迎来何种晦暗不明的政治、经济和地缘政治未来……

伊万·克拉斯特耶夫 ————著 / Author

Ivan Krastev

保加利亚政治学家，索菲亚大学自由战略研究中心主任，维也纳人文科学研究院成员，国际智库“欧洲外交关系委员会”创始成员，也是《金融时报》《卫报》《纽约时报》等国际媒体的特约评论员。

马百亮————译 / Translator

上海师范大学历史学博士，上海海洋大学外国语学院翻译专业硕士研究生导师，曾获韩素音国际翻译奖，已出版译著二十余部，包括《统治史》《古典欧洲的的诞生》《流感大历史》《希腊艺术导论》等。

AFTER

EUROPE

欧洲的黄昏

[保加利亚]
伊万·克拉斯特耶夫 著
IVAN KRASTEV
马百亮 译

东方出版中心

目录

中译本前言：也许是哈布斯堡？

章永乐 *

如果麻木的梦魇骑上了头顶，
鲜血和污泥沾满了敏感的身体——
又怎么样？不要叹息，不要哀恸，
一个更伟大、更动人的时代已经消失。
——叶芝，《旋转》

这是一本文笔流畅生动，让人恨不得一口气读完的政论性著作，其作者是保加利亚学者伊万·克拉斯特耶夫(Ivan Krastev)。原书英文版于2017年4月在美国宾夕

* 北京大学法学院长聘副教授，美国加州大学洛杉矶分校政治学博士，曾任德国柏林高等研究院、法国南特高等研究院访问研究员。

法尼亚大学出版社出版，原标题是“After Europe”——作者也许有意模仿了苏格兰哲学家麦金泰尔（Alasdair MacIntyre）的 *After Virtue* 一书的标题，After 是个双关语，既有“之后”的意思，也有“追求”的意思。但对于克拉斯特耶夫而言，无疑前一层含义是压倒性的：作者在写作该书的时候充满悲观情绪，甚至将欧盟与哈布斯堡帝国相类比，担心其因为难民危机引发的连锁反应而走向解体（因此中文版将书名意译为“欧洲的黄昏”不乏合理性）。这种强烈的悲观情绪让作者的观察和分析既片面，又深刻。

在我看来，本书的核心贡献在于：作者从中东欧的历史经验出发，探讨难民危机为何加剧了西欧与中东欧的分裂，并进一步引发欧盟的结构性危机。作者首先设置了一个分析的起点：在过去，西欧人更倾向于信任本国政府而不是欧盟，在他们的政府有能力影响欧洲发展方向时，他们也会因此对欧盟有信心；在中东欧，大众原本认为欧盟的技术官僚比他们本国的领导人更可靠。2015 年爆发的难民危机同时在西欧与中东欧造成深刻影响：那些对难民持有疑惧态度的德国人和瑞典人，现在不太相信他们的政府有能力塑造欧盟政策，由此也减少了对欧盟的信任；而中东欧的民众尽管仍然怀疑他们本国的政府，但对布鲁塞尔的怀疑急剧上升，超过了对本国政府的不信任。无论西欧还是中东欧，都在出现政治的“再国家化”——民众正在将政治信任从欧盟转向自己所在的国家，布鲁塞尔正在经历着系统性的信任危机。

克拉斯特耶夫的中东欧分析明显超过其西欧分析的深度，由此可以体现出其作为保加利亚人的经历对于其思考的价值。他向我们展示了中东欧民众与政府之所以对移民感到疑惧的历史和现实原因，我们大致可以概括为以下五个方面：

一、许多中东欧国家诞生于德国、奥匈帝国、俄罗斯等族群多元的大陆帝国的解体以及随后的种族清洗（尤其是驱逐德国人和犹太人），其立国基础结合了法国人对中央集权和全能国家的钦佩与德国人所持的“公民身份意味着共同血统和共同文化”的观念，因此，移民带来的种族多样性，会让很多人想起两次世界大战之间的动乱时期。

二、在苏东剧变后的过渡时期，中东欧的许多民众觉得自己成为被遗忘的失败者，作者认为，“东欧人对难民和移民的敌意也源于一种被背叛的感觉”，当他们听到欧洲领导人将大规模移民描述为一种“双赢”的局面时，这种被背叛的感觉就更强烈了。

三、冷战结束之后，许多中东欧国家出现了人口的大规模外流，移民的到来，让许多人进一步产生了对自己的种族即将在这片土地上消失这一前景的恐慌，如果有人论证老龄化的欧洲必然需要更多的移民，许多人会感到前景更加黯淡。

四、中东欧国家在融合罗姆人（即所谓的“吉卜赛人”）方面经历了失败，这使得他们不相信自己的社会与国家具有融合已经在他们中间的“他者”的能力。

五、由于没有殖民主义的“原罪”，中东欧国家在排斥移民的时候，并没有西欧那些曾经的殖民帝国常有的负罪感。

克拉斯特耶夫最尖锐，也最让人印象深刻的观点是，中东欧国家民众对于移民的恐惧，最直接的原因是后冷战时期本国或本地区人口的大量外流所引发的社会反应，即便在德国的原东德地区，情况也是如此。换句话说，难民危机加剧了这些地方的民众对本地发展原有的悲观心态。

作者接下来分析欧盟的难民危机如何导致欧洲人自己引以为豪的人权话语和民主机制都出现深刻的危机。欧盟将“人权”作为一体化进程的意识形态黏合剂，认为人权是超越民族国家和公民身份的权利。因而，来自其他国家的移民在欧洲土地上受到什么样的对待，直接考验欧洲的人权承诺的严肃性。但许多欧洲人现在发现，给予这些移民以体面的人权保障，有可能冲击欧洲国家自身的福利体系的可持续性，更会带来欧洲的历史文化传统的弱化，造成“欧将不欧”的局面。欧洲人曾经相信输出他们的政治体系会给这个脆弱的世界带来稳定，然而，难民危机恰恰源于“阿拉伯之春”所带来的中东、北非地区的动荡，这让他们现在对推进邻近地区的“民主化”也充满了疑惧。越来越多的人相信，当初如果让利比亚继续处于卡扎菲的统治之下，或许对于欧洲的稳定更为有利。

在难民危机的背景下兴起的民粹主义政党，打着“人民”的旗号，将民众对自己生活的“失控”之感归咎于具有世界主义意识的精英阶层和具有部落意识的移民之间的合谋，他们的诉求是重建精英阶层和民众之间的关系。这些民粹主义政党向选民承诺了建立在分权基础之上的自由民主所不能提供的“让多数人取得彻底胜利”的前景。欧洲的宽容精神正在消失。作者认为，在这种形势之下，欧洲的左翼正在丧失国际团结意识，工人选民更多地把选票投给了排外的右翼政党，而传统的左翼政党为了选票，也经常不得不“拿香跟拜”。在这样的背景之下，作者对公投这样一种民主形式充满了疑惧，认为它可能会让民粹主义力量进一步上升，造成欧盟从内部土崩瓦解。

在研究和评论欧盟一体化进程的人士之中，有一派直接将欧盟类比为欧洲的中世纪帝国。一些人用这个类比是为了表明对欧盟的悲观情绪，但波兰裔英国学者杨·杰隆卡（Jan Zielonka）却用它来表达对欧盟的乐观看法。杰隆卡认为欧洲没有必要尝试建立“新威斯特伐利亚式的超级国家”，它完全可以保持内部多层次、多中心的治理结构，可以通过不断的对外扩张，实现自身的安全，并维持欧盟的内部团结。[①] 克拉斯特耶夫属于悲观派。他在全书的结论部分玩了一个文字游戏，在“哈布斯堡”的英文表述“Habsburg”前面加了一个“per”，将其变成了“Perhapsburg”，“perhaps”在英文中意为“或许”，“Perhapsburg”可以表达欧洲“也许是哈布斯堡”的意思。众所周知，哈布斯堡家族领导的神圣罗马帝国于1806年灭亡，而哈布斯堡家族统治的奥地利帝国却活了下来，后

① Jan Zielonka, *Europe as Empire? The Nature of Enlarged European Union*, Oxford University Press, 2006. 中文世界的评论参见孙璐璐：《欧盟：二十一世纪的神圣罗马帝国?》，《读书》2017年第4期。

组成奥匈帝国，但最终在第一次世界大战中战败解体。说欧盟“也许是哈布斯堡”，表明了一种极端的悲观情绪。

那么，欧盟怎么才能够避免哈布斯堡帝国的命运呢？克拉斯特耶夫主张：“欧盟不应试图打败众多的敌人，而应与其打一场消耗战，并在此过程中采纳他们的一些政策（包括要求保护好外部边界），甚至采取他们的一些态度（自由贸易不一定是一个双赢的游戏）。只有在糟糕的历史教科书中，进步才是线性的。”这实际上是说，欧盟应当和内部疑欧的民粹主义势力进行一定妥协，必要时采取后者主张的一些政策，以增加自己存活下来的概率：“很有可能，欧洲公众对欧盟会更有信心，不是因为它变得更好了，而是因为它存活了下来。”作者的另一个类似表述是：“与其通过提高合法性以确保欧盟的生存，不如展示欧盟的生存能力，这将成为欧盟未来合法性的主要来源。”

克拉斯特耶夫最后讲述了 1981 年西班牙政变如何被平息的故事，探讨什么样的政治家能够使得欧盟存活下来。1981 年 2 月 23 日，约 200 名国民卫队军官手持冲锋枪，冲入议会下院。议会厅里几乎所有议员都趴到地上或躲到椅子背后，仅有三位政治家傲然直面，并与领导政变军人的军官周旋。他们在议会大厅里与政变者僵持，避免了政变者“挟天子以令诸侯”的局面，议会大厅外的其他政治家与军人做出了回应，最后扑灭了政变。议会大厅里的这三位政治家，平时的政见极端对立，却能够在那一刻放下歧见，因为他们知道，如果他们所处的这个政治体系消失了，他们之间的政治对立也会失去意义。

在我看来，克拉斯特耶夫讲述的这个故事，正是对欧盟各国政治家的警告和呼吁：要认清形势已经到了非常危急的时刻，政治家之间争论谁的理想更高尚，已经没有什么意义了，当务之急是放下各种歧见，先让欧盟活下来！只有欧盟活下来，欧盟才有可能承载更为高尚的理想。这就好比说，在一个孩子遭遇生命危险的时候，家长继续“鸡娃”（互联网用语，“给孩子打鸡血”之意），争论他/她应该先补习语文还是数学，是可笑的；只有确保他/她能够活下来，才能够设想他/她走进高考考场、金榜题名的那一天。

然而，几年过去了，欧盟的政治家除了在难民政策上对右翼作出一定妥协，收紧难民政策之外，其实并没有表现出三位西班牙政治家在 1981 年政变中的那种政治德性，但欧盟仍然没有解体，甚至看起来比难民危机之前更为巩固。英国公投脱欧之后，欧盟内“脱欧”的声浪反而下降了；美国特朗普政权对英国“脱欧”的叫好，对欧盟内部“疑欧”民粹主义势力的支持，激发了欧盟政治家的深刻危机感，法国总统马克龙大讲“主权欧洲”，并得到了众多欧盟政治家的响应。在2020年的新冠肺炎疫情危机中，欧盟初期的应对十分混乱，但很快开始“亡羊补牢”，甚至还在欧盟的共同财政建设方面，取得了一定实质性的推进。由此看来，本书作者的观点错了吗？

在2020年英文修订版的“后记”中，克拉斯特耶夫对之前的分析作出了自我反思：“它正确地指出欧盟不再是理所当然的了。它正确地猜中2015年的难民危机将深刻地改变欧洲政治。它错误地预测，欧洲新近兴起的全民公投可能会导致欧盟的终结。这本书被认为充满悲观和阴郁的情绪，在某种程度上确实如此。”作者现在认为，“悲观主义和宿命论将是欧洲认同的关键方面。这本身就是一个不要把欧洲人的悲观情绪看得太重的理由。”作者当初认为英国脱欧可能会引发欧盟内部脱欧运动的进一步发酵，但现在他认识到，英国的脱欧恰恰可能使欧盟内部的疑欧势力看到脱欧所带来的消极后果：英国经历了国际影响力的下降，而且在脱欧谈判过程中一再被羞辱，这就起到了“杀鸡儆猴”的作用。在2019年的欧洲议会选举中，右翼民粹主义势力在跨国联合上取得了实质进展，但同时，他们中的大部分人也已经放弃了让欧盟解体的选项。作者在后记的最后指出，欧盟已经降低了对自己的期望值："……已从一个希望按照自己的形象塑造世界的传教士，转变为一个专注于保护其政治方案的特殊性质的修道院。"

*　　*　　*

作为一位中国的欧洲研究者，我曾经在 2015 年欧洲难民危机爆发之前旅居德国，在现场目睹了前东德地区的德累斯顿（Dresden）民众围绕是否欢迎难民展开的左右翼对立和斗争，并在难民危机爆发之后从北京返回德国柏林采访叙利亚难民；2020 年新冠肺炎疫情爆发初期，我旅居法国南特，亲身经历了欧盟应对新冠肺炎疫情的种种混乱。但我对西欧的了解，始终超过中东欧。因此我从克拉斯特耶夫对于中东欧国家民众何以抵制移民的分析中获益良多。但同时，我又认为他对欧洲现状的分析进路并不是特别令人满意。在我看来，要解释作者所描绘的许多现象，仅仅在政治意识形态和政治制度层面打转可能不够，我们或许需要一种具有全球视野的政治经济学分析进路。

后冷战时期的“全球化”，给欧盟带来的冲击是多重的：首先，如同美国一样，欧洲发达国家的跨国资本纷纷推行全球范围内的“垂直分工”，将制造业外移（尤其是转移到东亚和东南亚），由此带来的是许多制造业中心的衰落和产业工人数量的不断下降，并进一步带来两个政治结果，其一是原本以产业工人为基础的一系列传统左翼政党的群众基础不断流失；其二是因产业移出而衰落的地区的民众中出现了“被剥夺感”；其次，欧元区实现了统一货币，但欧盟在一开始缺乏共同财政政策，导致欧盟内部在经济上两极分化加剧，德国、瑞典等国的相对实力不断增强，而一连串中东欧国家和南欧国家的相对经济实力不断弱化，大量缺乏发展机会的青年不断从本国移出，前往欧盟的全球化核心获益区寻找机会，像保加利亚这样较晚进入欧元区的国家，也受到这个经济进程的深刻影响——克拉斯特耶夫告诉我们，在后冷战时期，大约有十分之一的保加利亚人离开了他们的国家。即便是在德国内部，两德统一时候在货币统一问题上的处理方式（东、西德双方马克 1∶1 兑换）也在极大程度上提高了原东德地区的工业运营成本，导致其产业在原西德地区工业的竞争下毫无防守之力，而产业的衰落导致许多人失去了自己的工作岗位，年轻人大量移民到原西德地区。

欧盟和欧元区内部的发展出现了高度的不平衡，然而欧盟毕竟是个较为松散的联盟，缺乏促进“共同富裕”的机制，只能坐视阶层差距和区域差距不断拉大。2015年以来，大批移民以“难民”的名义进入欧洲，这就引发了那些在不平衡的经济社会发展中产生了“相对剥夺感”的阶层和国家的不安情绪；而当欧盟精英层坚持边境开放，不断释放欢迎难民的信号时，这些不安情绪就逐渐变成了愤怒。英国实际上是从欧盟的一体化中获得较多经济利益的国家，然而其内部发展的不平衡，导致许多产生“相对剥夺感”的民众将自己的痛苦归咎于移民和欧盟，而公投则为这样的情绪提供了一个政治出口，最后导致英国脱离欧盟。

值得补充的是，克拉斯特耶夫在书里描写的产业工人缺乏阶级意识的现象，并不是什么新鲜的发现。在19世纪末20世纪初，美国加州“排华”最为激烈的其实是当地的工会；在当时的英国殖民地南非，也是来自英、美、澳等地的白人工人阶级移民表现出强烈的“排华”态度。但这恰恰证明了列宁在《怎么办?》里对阶级意识的深刻洞见：由于工人平时在意识上处于统治阶级的影响之下，让工人

“自发”表达他们的诉求，表达出来的可能恰恰是统治阶级在他们身上打下的烙印。因而列宁呼呼通过先锋政党，更为积极主动地塑造工人的阶级自觉。意大利共产党人葛兰西在其《狱中笔记》中通过“领导权”（hegemony）这一概念，进一步发展了列宁的问题意识。[①] 欧洲大量走议会道路的左翼政党，本来的主张就距离工团主义不远，要让他们去塑造工人的“国际主义”阶级自觉，一开始就是缘木求鱼。当工人被右翼势力带跑之后，这些政党除了“拿香跟拜”，也很难想到多少其他选项。

从目前来看，在英国“脱欧”之后，欧盟暂时避开了解体的危险。然而从长远来看，欧盟的产业结构是存在着重要隐患的。欧盟的互联网产业发展落后于中美两国，全球十大互联网公司中没有任何一家是欧洲公司，而欧盟国家针对数据寡头开征“数据税”，虽然首先是针对那些已经统治欧洲民众生活的美国数据寡头，但实际上这又会进一步抑制本土互联网产业的发展；欧盟一度对自己的新能源技术很自信，大肆炒作“全球气候变暖”议题，号召全球各国减少碳排放，实质上是提高市场准入门槛，减少经济

---

① 参见佩里·安德森：《原霸》，李岩译，当代世界出版社 2020 年版。

竞争者。但现在来看，欧盟在新能源技术方面也很难说获得了稳固的领先地位，尤其在汽车行业进入电动车时代之后，欧盟国家在汽车生产方面拥有的领先技术优势也在岌岌可危。如果欧盟国家的制造业继续衰落，而在产业链的中高端又缺乏新的增长点，在外部又面临着其他大国的经济竞争，那么欧盟的经济前景并不令人乐观。

这种经济状况会引发什么样的政治后果，或许无法笼统而论。欧盟国家也许会进一步意识到，单打独斗没有前途，只有抱团取暖才能建构相对完整的供应链，共同承担全球市场波动的风险；但也不排除出现“共享福不能共患难”的情况，欧盟内部的区域矛盾进一步激化，欧盟再次出现分裂乃至解体的危险。

欧洲文明是这样的一个文明——在其居于全球统治地位的时候，它是分裂的而不是统一的，而且其主流意识为列国并立的状态而自豪，认为在这种状态下，没有一种原则、组织或势力能够主导欧洲，这使得欧洲孕育了充满多样性和丰富性的文明，具有极大的优越性。[①]欧洲的列国并立状况和对竞争的崇尚，导向了两次世界大战，列强相

① 基佐：《欧洲文明史：自罗马帝国败落起到法国革命》，程洪逵等译，商务印书馆2005年版，第25—28页。

互削弱，欧洲也失去了自身在全球的主导地位。冷战时期，在美苏对立的背景下，欧洲的精英们开始通过欧洲一体化来重建欧洲的自主性。然而它的历史传统中缺乏统一的经验，现实中又充满了利益的分歧，民族国家的公民身份和代议制民主具有很高的正当性，欧盟这个超国家的组织很容易被视为一架脱离民众的官僚机器，不到万不得已的时候，各国往往不会同意迈出进一步一体化的步伐。在欧盟未来的道路上，哈布斯堡帝国的影子，也许始终会与其相伴随。

然而，当我们想到哈布斯堡帝国的时候，也许不能只关注它在 1918 年的解体，而忘记了这是一个历史多么悠久的“政治拼盘”——哈布斯堡家族担任神圣罗马帝国皇帝的时间就接近四个世纪，担任奥地利皇帝超过一个世纪，在世界历史上打下了深刻的烙印。如果欧盟能够在未来的世界历史中享有这样的命运，用中国两三百年一个朝代的历史尺度来看，就不能算失败，甚至可以说是相当体面的成功。如果它能够熬过一次又一次危机，不断超越自己作为“政治拼盘”的状态，形成真正的、而非仅仅是象征性的主权单位，那就可以说是更大的成功！

生活在一个两千年前就已经超越“诸夏”政治拼盘，

实现核心区域统一的国家，我们对于欧洲的一体化进程，也许有必要少一些从经验直觉出发的嘲讽，多一些冷静的观察乃至同情的理解。不管当下欧盟国家的一些政客对中国有多少的偏见乃至恶意，欧盟增强“战略自主”，避免沦为美国的政治附庸，总体上有利于全球国际关系的民主化，有利于世界和平；欧盟的一体化进程必然涉及如何克服发展的不平衡，推进区域之间、阶层之间的“共同富裕”，而这对于中国来说，是非常有益的参照，可以从不同角度照出中国自己的身影，让我们对自身的道路、制度和文化形成更为清晰的自觉。中国的“一带一路”倡议主张“以文明交流超越文明隔阂、文明互鉴超越文明冲突、文明共存超越文明优越”①，且让我们从与欧洲文明的交流、互鉴与共存做起！

① 《携手推进“一带一路”建设：习近平在“一带一路”国际合作高峰论坛开幕式上的演讲》，《人民日报》2017 年 05 月 15 日 03 版。

引言

“似曾相识”的心态

1914年6月底的一天，一份电报发到了哈布斯堡帝国边境一个偏远的驻防城镇。这份电报只有一句话，用大写字母写着："据传王位继承人在萨拉热窝被暗杀。"对于军官巴特扬伊伯爵（Count Battyanyi）来说，这个消息让人难以置信。他莫名其妙地用母语匈牙利语向同胞讲述弗朗茨·斐迪南大公（Archduke Franz Ferdinand）的死讯，大公被认为是偏袒斯拉夫人的。耶拉奇中尉（Lieutenant Jelacich）是斯洛文尼亚人，他对匈牙利人不放心——尤其是因为他们被怀疑对皇帝不忠——他坚持要用更习惯的德语进行对话。巴特扬伊伯爵同意了，"那我就用德语说。我和我的同胞们一致认为，我们应该为那个混蛋的死而高兴"。

多民族的哈布斯堡帝国就这样终结了，至少约瑟夫·罗特（Joseph Roth）在他的经典小说《拉德茨基进行曲》中是这样描述的。[①] 帝国的最终灭亡，部分是命运使然，部分是被谋杀，部分是自杀，还有部分纯粹是运气不好。帝国的崩溃究竟是制度衰竭造成的自然死亡，还是一战时被暴力谋杀，尽管历史学家们对此意见不一，但哈布斯堡帝国这场失败实验的幽灵继续萦绕在欧洲人的脑海中。作为帝国灭亡的目击者（也是其历史学家），奥斯卡·贾希（Oscar Jaszi）在 1929 年一针见血地指出："如果奥匈帝国的实验真的成功了，哈布斯堡王朝就能在其领土之上解决当今欧洲最根本的问题。……怎样才能把理想和传统不同的民族团结起来，使每个民族都能继续自己独特的生活，同时又能限制其国家主权，使和平有效的国际合作成为可能呢？"[②]

正如我们所知，这次实验从未得出一个明确的结论，因为欧洲未能解决其最棘手的问题。罗斯的故事有力地证明，当政治和文化的人造世界消失时，它们会消失得如此

---

① Joseph Roth, *The Radetzky March* (London: Granta Books, 2003).

② Oszkar Jaszi, *The Dissolution of the Habsburg Monarchy* (ACLS Humanities e-book, 2009), 4.

之快。这一结局既是结构缺陷的自然结果，也是像一场交通事故这样的意外，或者是一场梦游行为，一个具有自身动态的特定时刻。

今天的欧洲是否正在经历一个类似的“解体时刻”呢？英国脱离欧盟的民主决定（就经济而言，这相当于20个较小的欧盟成员国的退出），以及欧洲大陆上疑欧派政党的崛起，是否都表明我们解决欧洲最根本问题的最新尝试正在失败呢？欧盟是否注定要像哈布斯堡帝国那样分崩离析呢？2017年，荷兰、法国和德国都举行了关键的选举，这一年是否注定会和1917年一样意义重大呢？

扬·杰隆卡（Jan Zielonka）曾恰如其分地指出：“我们有许多关于欧洲一体化的理论，但实际上没有一个关于欧洲解体的理论。”① 这并非偶然。欧洲一体化计划的设计者们自欺欺人地认为，只要闭口不提“解体”这个词，就一定能防止这种情况发生。对他们来说，欧洲一体化就像一列高速列车——永不停歇，永不回头。相对于让一体化变得不可逆转，更可取的策略是让欧盟的解体变得不可想象。但是，关于欧盟解体的理论之所以缺乏，还有另外两

---

① Jan Zielonka, *Is the EU Doomed?*（Cambridge: Polity Press, 2014）

个原因。首先是定义问题，即如何区分解体与欧盟的改革或重组？几个国家脱离欧元区，或者脱离欧盟本身，会导致解体吗？或者，欧盟全球影响力的下降和欧洲一体化的一些主要成就（如人员的自由流动或废除欧盟法院这样的机构）的逆转，是否能够证明欧洲的解体？双层欧盟的出现会导致欧盟解体吗？还是说，这只是朝着一个更紧密、更完美的联盟迈进了一步？一个由不自由的民主国家组成的联盟，是否有可能继续执行同样的政治方案？

具有讽刺意味的是，就在政治领导人和公众万分担心欧盟解体的时刻，欧洲却比以往任何时候都更加一体化。金融危机使金融上的联盟成为现实。为了有效应对恐怖主义威胁的加剧，欧洲人不得不在安全领域进行前所未有的合作。欧盟目前面临的多重危机让普通德国人对希腊和意大利的经济问题格外感兴趣，也迫使波兰人和匈牙利人更加关注德国的庇护政策。欧洲人生活在欧盟解体的恐惧之中，但是欧盟似乎比以往任何时候都更像是一个命运共同体。

在小说作家那里，想象欧洲解体也并不流行。有很多小说提出这样一个问题：如果纳粹德国在二战中获胜会发生什么。我们同样幻想着如果苏联赢得了冷战，或者如果共产主义革命发生在纽约而不是彼得格勒，这个世界会是什么样子。但几乎没有人愿意去讲述欧盟解体的虚构故事。唯一的例外可能是若泽·萨拉马戈（José Saramago）。在他的小说《石筏》（*The Stone Raft*）中，一条从法国流向西班牙的河流消失在地下，整个伊比利亚半岛与欧洲分离，向西穿越大西洋。[①]

乔治·奥威尔（George Orwell）说过："要想看清眼前的东西，需要不断做出努力。"这句话当然没错。1992年1月1日，世人一觉醒来，发现苏联已经在地图上消失了。在没有发生战争、外星人入侵或其他任何灾难的情况下，仅仅是发生了一场不成功的闹剧一样的政变，世界上两个超级大国之一就这样土崩瓦解。这场崩溃的发生完全出人意料，在人们心目中，苏联太强大了，因此不会失败；太稳定了，因此不会崩溃；拥有太多核武器了，因此不会被击败；经历了太多动荡，因此不会轻易就发生内爆。直到1990年，一群美国主要专家还坚持认为，"耸人听闻的情节会让人读起来热血沸腾，但是在现实世界中存在着各种稳定性和阻滞性的因素，社会经常会经历危机，甚至是

① José Saramago, *The Stone Raft* (New York: Mariner Books, 1996).

严重和危险的危机，但很少会自杀”[①]。但在现实中，社会有时确实会自杀，而且它们也以一定的生命冲动自杀。

正如一个世纪前一样，今天的欧洲人生活在这样一个时刻：极大的不确定性激发了社会的想象力。此时此刻，政治领导人和普通公民都在繁忙的活动和宿命式的被动之间左右为难。此时此刻，此前让人无法想象的欧盟解体开始被认为是不可避免的。此时此刻，那些昨天才指导我们行动的叙事和假设，现在看来不仅显得过时，而且几乎无法理解。正如我们从历史中所知道的，有些事情看起来荒诞不经，不合理性，但这并不意味着它不可能发生。有时候我们只有在失去之后才会珍惜，中欧对自由主义的哈布斯堡家族挥之不去的怀旧情绪就是最好的证明。

欧盟是一个一直在寻求实现的理念，但是越来越多的人担心，曾经把欧盟凝聚在一起的东西已经不再奏效。例如，对第二次世界大战的共同记忆已经从人们的视野中消失了。十五六岁的德国高中生有一半甚至不知道希特勒是一个独裁者，而三分之一的人相信他保护了人权。正如蒂穆尔·韦尔梅什（Timur Vermes）在 2011 年的讽刺小说

① Walter Laqueur, ed., *Soviet Union 2000: Reform or Revolution*（New York：St. Martin’s Press, 1990），xi.

《他回来了》(*Look Who's Back*)中所言，问题不再是希特勒是否可能卷土重来，而是我们是否还认识他。这部小说在德国卖出了100多万册。弗朗西斯·福山（Francis Fukuyama）在1989年向我们承诺的"历史的终结"很可能已经到来，但从某种反常的意义上说，历史经验不再重要，而且很少有人真正对其感兴趣。①

随着苏联的解体，欧洲统一的地缘政治理由不复存在。尽管有普京领导下的俄罗斯，却无法填补这一空白。今天的欧洲人比冷战末期更加缺乏安全感。调查显示，大多数英国人、德国人和法国人认为世界正走向一场大战，但是，欧盟面临的外部威胁导致的是欧洲大陆的分裂，而不是统一。盖洛普国际（Gallup International）最近进行的一项调查显示，在发生重大安全危机的情况下，至少三个欧盟成员国（保加利亚、希腊和斯洛文尼亚）的公众会向俄罗斯寻求帮助，而不是向西方寻求帮助。大西洋两岸关系的性质也发生了巨大的变化。唐纳德·特朗普是首位不认为维护欧盟应该是美国外交政策战略目标的美国总统。

福利国家曾是战后政治共识的核心，如今也受到了质

---

① Francis Fukuyama, "The End of History?," in *The National Interest*, Summer 1989.

疑。欧洲正在老龄化，欧洲大陆的平均年龄预计将从2003年的37.7岁增加到2050年的52.3岁，欧洲未来的繁荣很难被认为是理所当然的。大多数欧洲人认为，今天孩子们的生活将比他们自己那一代人更加艰难。正如难民危机所表明的那样，移民不太可能为欧洲的人口问题提供解决方案。

但是，将欧洲福利国家置于危险境地的不仅仅是人口结构。马克斯·普兰克研究所所长、德国著名社会学家沃尔夫冈·施特雷克（Wolfgang Streeck）表示，自20世纪70年代以来，欧洲的福利国家模式一直处于危机之中。资本主义成功地从二战后强加给它的制度和规则中挣脱出来，结果，备受赞誉的欧洲“税收国家”实际上已经转变为“债务国家”。欧洲各国政府现在不是通过税收劫富济贫，而是以赤字支出的形式向后代借钱来维持财政健康。其结果是，民主党选民失去了监管市场的权力，从而破坏了战后福利国家的根本基础。

最后，欧盟受到了意识形态潮流变化的诅咒。2014年，欧盟被诊断患有一种可以被称为是“自闭症”的疾病。这一诊断结果出乎意料，但这些症状是不可能被忽视的：社会交往障碍，沟通能力减弱，兴趣受到限制，重复性的行为模式。欧盟表现得对他人缺乏直觉，而许多人曾经认为这种直觉是理所当然的。这一点在乌克兰危机期间表现得尤为明显。欧盟在很长一段时间内假装俄罗斯不会抗议乌克兰加入欧盟，而当普京部署军队“吞并”克里米亚时，欧盟变得手足无措。同样，这也表现在布鲁塞尔方面反复声称，公民与欧洲一体化方案的疏远仅仅是沟通无效的结果。乌克兰危机之后，德国总理默克尔在与俄罗斯总统普京通话后得出结论，认为他生活在“另一个世界”。到了三年后的今天，问题是，这两个人哪一个生活在“现实世界”？

冷战结束和欧盟扩张后，布鲁塞尔为自己的社会和政治模式倾倒，对世界历史的走向采取了高度不加批判的观点。欧洲舆论认为，全球化将加速各国作为主要国际行为者的衰落，并加速民族主义作为核心政治动力的衰落。欧洲人将他们自己战后克服种族民族主义和政治神学的经验解释为一种普遍趋势的信号。正如马克·伦纳德（Mark Leonard）在他充满抱负的著作《为什么欧洲将主宰21世纪》（*Why Europe Will Run the 21st Century*）中所言：“欧洲结合了自由主义所带来的活力和自由与社会民主所带来的稳定和福利。随着世界变得越来越富裕，人们不再满足于温饱和健康等基本需求，欧洲人的生活方式将变得不可抗拒。”[①] 但就在昨天看来似乎普遍适用的东西，现在开始显得不同寻常。只要看一下印度和俄罗斯，更不用说广阔的穆斯林世界，就可以清楚地看到，民族主义和宗教仍然是全球政治的主要推动力。欧洲的后现代主义、后民族主义和世俗主义使它与世界其他地方不同，而不是必然之未来的先兆。在难民危机的背景下，我们还可以看到，在当代欧洲，曾经被认为已经死亡和被埋葬的国家忠诚，以一种变本加厉的方式回归了。

近年来，欧洲人开始意识到，尽管欧盟的政治模式令人钦佩，但它不太可能普及，甚至不太可能扩散到其近邻。这就是日本科技公司所经历的“加拉帕戈斯群岛综合征”的欧洲版。几年前，这些公司意识到，尽管日本制造了世界上最好的 3G 手机，但他们无法找到一个全球市场，因为世界其他地方无法跟上这些“完美”设备的技术创新。日本的手机公司是在与世隔绝的环境中发展起来的，不受外界挑战的影响，因此没有因为过于强大而不会倒闭，而是因为太完美而不能成功。现在，欧洲正面临着自己的

① Mark Leonard, *Why Europe Will Run the 21st Century* (London: Fourth Estate, 2005), 11.

“加拉帕戈斯群岛”时刻。[①] 可能是因为欧洲的后现代秩序已经变得过于先进和特殊，其他国家不可能效仿。

正是这种新的现实促使我第一次思考“欧洲以后”(after Europe)。“欧洲以后”意味着这个古老的大陆既失去了在全球政治中的中心地位，也失去了欧洲人自己的信心，即对其政治选择能够塑造世界未来的信心。“欧洲以后”意味着欧洲一体化方案已经失去了其目的论的吸引力，而“欧洲合众国”的概念可能比过去50年的任何时候都不那么鼓舞人心。“欧洲以后”意味着，欧洲正遭受一场身份危机，其基督教和启蒙运动的遗产不再安全。“欧洲以后”并不一定意味着欧盟走到了尽头，而更多是意味着，我们需要放下对欧洲和世界未来形态的幼稚希望和期待。

下面是用安东尼·葛兰西（Antonio Gramsci）的“理智的悲观，意志的乐观”的风格对欧洲命运的反思。我相信，欧盟解体已经箭在弦上，我担心这将使欧洲大陆陷入混乱，在全球变得无足轻重。它可能会把一个宽容和开放的同情环境转变成一个恃强凌弱、心胸狭窄的环境。它可能会导致欧洲外围自由民主国家的解体，并导致一些现有

---

① Ivan Krastev and Mark Leonard, “Europe’s Shattered Dream of Order,” *Foreign Affairs*, May/June 2015.

成员国的崩溃。这不一定会导致战争，但很可能会带来苦难和动乱。政治、文化和经济合作不会消失，但欧洲自由统一的梦想可能会消失。

我认为，为了重新获得合法性，欧盟没有必要解决它所面临的所有问题。有必要的是，五年后欧洲人能够在欧洲自由旅行，欧元有望继续作为至少一些成员国的共同货币存在下去，公民既可以自由选举政府，也可以向斯特拉斯堡的欧洲人权法院起诉政府。德国伟大诗人里尔克（Rainer Maria Rilke）指出，“有何胜利可言？忍耐就是一切”，但即使忍耐也并非易事。

如果欧盟解体，其解体的逻辑将是银行挤兑，而不是一场革命。欧盟的解体不一定是“脱欧派”在国家公投中战胜“留欧派”的结果，而更有可能是欧盟长期功能障碍（或人们认为的功能障碍）的意外后果，再加上国家政治精英的误读。许多欧洲领导人和政府担心欧盟会解体，并希望对冲这样的结果，于是他们将采取行动，让欧洲一体化方案的崩溃成为必然。如果欧盟真的解体了，那也不是因为外围国家逃跑了，而是因为中心国家（德国、法国）反叛了。

本书既不是要拯救欧盟，也不是要哀悼欧盟。这不是一本探讨欧洲危机成因的小册子，也不是一本反对欧洲精英腐败无能的小册子。这绝不是一部欧洲怀疑论者的作品。本书只是对一些现在可能会发生的事情的沉思，以及对我们个人经历的根本性历史变化如何影响我们现在行动的分析。让我着迷的是我所认为的“似曾相识”的心态的政治力量，根据这种心态，我们今天所经历的一切都是过去某些历史时刻或事件的重复。

从这个意义上说，欧洲不仅可以分为左右、南北、大国和小国、留欧派和脱欧派，还可以分为那些亲身经历过分裂的人，以及那些只从教科书上了解分裂的人。这是一种分裂，将那些亲身经历苏联解体、东欧剧变的人和那些在这些创伤性事件中毫发无损的西方人分开。

无论是来自布达佩斯还是巴黎，经验本身决定了人们对今天欧洲危机截然不同的解读。东欧人对这种状态的解读会充满焦虑甚至是恐惧，而西欧人则坚持认为一切都会好起来。历史学家本杰明·马丁（Benjamin F. Martin）写道：“在1937年12月初的法国，如果你闭上眼睛，使劲地许愿，你几乎可以相信一切都很好，或者至少不会比过去更糟。”① 在2017年伊始，如果你闭上眼睛，使劲地许

① Benjamin F. Martin, *France in 1938*（Baton Rouge: Louisiana State University Press, 2005）, 1.

愿，你可能也会这么想。但是，由于身为东欧人的个人经历，要想让我闭上眼睛，相信一切都会好起来，这要困难得多。

本书可以被解读为一个有着似曾相识心态者的沉思。1989 年是我在索菲亚大学学习哲学的最后一年，这一年世界发生天翻地覆的变化。就像俄罗斯作曲家和地下音乐家安德烈·马卡列维奇（Andrei Makarevich）所说的那样，"我从来没有想到在苏联任何事情会发生变化，更没有想到它会消失"①。生活在社会主义时期的保加利亚，我深有同感。我们本以为是永恒的东西（直到它不复存在）突然以一种非暴力的方式结束，这是我们这代人一生中最刻骨铭心的经历。突然打开的机会和新发现让我们不知所措。但我们也被新近发现的政治事物的脆弱性所震惊。

经历一次巨大的动荡会让人得到很多启发。其中最重要的一点就是：决定历史走向的，有时是在宏大思想背景下发生的一连串小事件。正如历史学家玛丽·伊莉斯·萨罗特（Mary Elise Sarotte）在其著作《崩溃》（*Collapse*）中所说，柏林墙在 1989 年 11 月 9 日晚上被推倒，"这不

---

① Alexei Yurchak, *Everything Was Forever, Until It Was No More: The Last Soviet Generation* (Princeton: Princeton University Press, 2005), 1.

是东柏林政治领导人决定的结果，不是与西德政府签订协议的结果，也不是在分裂的柏林仍然拥有最终法律权威的四个国家计划的结果。柏林墙的倒塌是一种戏剧性的意外，在这个时刻，无论是字面意义上还是比喻意义上的高墙都出人意料地倒塌了。一连串的意外导致了这样一个结果，其中有些本来是微不足道的小差错”①。因此，要想解释这一事件的发生，与其诉诸弗朗西斯·福山关于“历史的终结”的论述，不如诉诸哈罗德·麦克米伦（Harold Macmillan）所说的“事件”。

正是苏联解体的经历在许多方面决定了东欧人对今天正在发生的事情的看法。目睹欧洲的政治动荡，我们有一种不祥之感，仿佛以前经历过这种情况，唯一的不同是，当时解体的是他们的世界，现在崩溃的是我们的世界。

在今天的欧洲，常见的是从欧盟制度架构的根本缺陷来讨论欧盟的危机，例如在没有共同财政政策的情况下推出共同货币，或将其解读为欧盟民主赤字的结果。我的分析与这些论点不同。在我看来，要想应对解体风险，就必须清楚地认识到，难民危机已经在国家层面上极大地改变

① Mary Elise Sarotte, *Collapse*（New York: Basic Books, 2014), xix.

了民主政治的性质，今天我们在欧洲所看到的不仅仅是一场反对当权者的民粹主义骚乱，也是选民对贤能精英阶层的反抗。最能代表这个阶层的是布鲁塞尔的官员，虽然他们勤勉努力，精明强干，却与他们应该代表和服务的社会脱节了。难民危机如何改变了欧洲社会，以及公民为什么会怨恨贤能精英阶层，这些是本书试图回答的两个问题。难民危机表明，欧洲人不再梦想着某个遥远的乌托邦。他们新的梦想是找到一个遥远的岛屿，以便把不受欢迎的外国人送到那里，而不用感到丝毫的内疚。

这也是一本关于革命的书。在 21 世纪，移民是一场新的革命，这不是 20 世纪的群众革命，而是一场个人和家庭的移民所驱动的革命。这场革命的灵感不是带有意识形态色彩的光辉未来的画面，而是来自谷歌地图上边界另一边生活的照片。要想取得成功，这场新的革命不需要意识形态、政治运动或政治领袖。对于地球上这么多不幸的人来说，跨越欧盟边界是人类的必然，几乎不是一个乌托邦未来的问题。

对越来越多的人来说，改变意味着改变自己的国家，而不是改变自己的政府。就像任何革命一样，移民革命的问题在于，它本身就有激发反革命的能力。在这种情况下，革命激发了受到威胁的多数派作为欧洲政治主要力量的崛起。这些焦虑的大多数人担心外国人正在接管他们的国家，危及他们的生活方式，他们认为，当前的危机是由具有世界意识的精英阶层和具有部落意识的移民之间的阴谋造成的。

在移民时代，民主已开始作为排斥而不是包容的工具发挥作用。欧洲许多右翼民粹主义政党的关键特征不在于他们是民族保守主义者，而在于他们是反动主义者。正如马克·里拉（Mark Lilla）所言，“即使在没有革命政治纲领的情况下，反动精神的持久生命力”来自这样一种认识，即“生活在当今世界的任何一个地方，都会受到不断的社会和技术变化的影响，就相当于经历了一场心理上的永久性的革命”①。对于反动主义者来说，“对天启唯一明智的反应是挑起另一场天启，以便重新开始”。

① Mark Lilla, *The Shipwrecked Mind: On Political Reaction* (New York: New York Review Books, 2016).

第一章

我们欧洲人

在若泽·萨拉马戈的著名小说《死亡间歇》(*Death with Interruptions*)中，他想象了一个死亡缺席的社会。① 面对这种新的现实，大多数人因为可以长生而欣喜万分。但是很快，一种形而上的、政治上的和现实上的尴尬局面就出现了。各种机构开始质疑长寿的好处。天主教会担心“没有死亡就没有复活，没有复活就没有教会”。对于保险公司来说，没有死亡意味着保险单大量减少。国家面临着永远支付养老金这一不可能完成的财政任务。有年老体弱亲属的家庭明白，只有死亡才能使他们免于永无休止的护理。首相警告国王说：“如果我们不再次启动死亡，我们就没有

① José Saramago, *Death with Interruptions* (Boston: Houghton Mifflin Harcourt, 2005).

未来。”很快，一个黑手党式的阴谋集团出现了，他们将老人和病人偷运到邻国去死掉（因为在其他地方死亡仍然是一种选择）。

欧洲在一个没有国界的世界的经历（即我们所说的全球化）类似于萨拉马戈想象中的长生不老。这是一个崇高的梦想变成噩梦的故事。1989 年后，柏林墙倒塌所引发的震撼已被令人目眩的焦虑和建立围墙的要求所取代。自柏林墙倒塌（这一事件预示着世界的开放）以来，欧洲已经建立起了 1 200 公里的围墙，专门用来阻挡外人进入。

就在昨天，大多数欧洲人还对全球化对他们生活的影响满怀希望，而今天，他们却为未来的全球化世界而感到不安。最近的调查显示，大多数欧洲人认为他们的孩子将会过得比他们自己更艰难，并且相信他们的国家正朝着错误的方向前进。

游客和难民已经成为全球化不同面孔的象征。游客是全球化的主角，受到人们的赞赏和欢迎。他们是和蔼可亲的外国人，总是面带微笑，大手大脚地花钱，四处参观游览，然后挥手离开。他们让我们感觉自己与一个更大的世界相连，而不会把问题强加给我们。

相比之下，难民（本来可能是昨天的游客）则是全球化威胁的象征。更广阔世界的痛苦和烦恼压迫着他们。他们在我们中间，却不属于我们。例如，希腊政府的首要任务是让难民远离旅游目的地。吸引游客和拒绝移民是欧洲所期望的世界秩序的简短版本。

在 19 世纪，欧洲上流社会开始接受四组舞，这种舞蹈的参与者不断地变换舞伴和角色。四组舞的流行很快导致了它的隐喻用法，报纸上的文章开始用“国家之间的四组舞”来指代与不断变化的伙伴建立新的政治联盟，并维持欧洲的均势。

自从雷曼兄弟的破产引发了全球经济衰退以来，在过去的十年里，欧盟一直在应对自己的危机，从欧元区到英国脱欧和乌克兰的革命（以及可能的反革命）。但我认为，难民危机是欧盟的首要危机，也是欧盟将带回家的“舞伴”。这是唯一真正的泛欧洲危机，它使欧洲的政治、经济和社会模式受到质疑。

难民危机从根本上改变了欧洲的局势。这不能仅仅用难民或劳工移民的涌入来解释。这也是一种争论、情感、政治认同和投票的迁移。难民危机成了欧洲的“九一一”事件。

移民危机：或者为什么历史没有终结？

在现在看来似乎已经非常遥远的1989年，这是见证德国人在柏林墙废墟上歌舞的一年，一位知识分子兼美国国务院官员巧妙地捕捉到了那个时代的精神，他就是弗朗西斯·福山。他认为，随着冷战的结束，所有主要的意识形态冲突都已得到解决。这场竞赛结束了。福山借鉴了黑格尔的观点，认为西方在冷战中的结局是历史本身做出的判决。这一结局是所有革命中最值得关注的，这不仅因为它是自由和和平的，还因为它是一场思想革命。福山认为，“在历史结束时出现的国家，就其通过法律体系承认和保护人的普遍自由权利而言，是自由的；就其仅在被统治者同意的情况下才存在而言，是民主的”[①]。他认为：西方模式是唯一的理想模式；在短期内，一些国家可能无法成功效仿这种模式。然而，除了尝试，他们别无选择。

要想理解欧盟当前的危机，我们必须认识到，今天的欧洲一体化方案在思想上植根于“历史的终结”这一理念。欧盟是一个高风险的赌注，即人类将朝着一个更加民主和

---

① Francis Fukuyama, “The End of History?,” in *The National Interest*, Summer 1989.

宽容的社会的方向进步和发展。在这种自由主义人类进步秘方推动下的意识形态背景下，难民危机迫使人们从上到下质疑一切。移民危机的激进之处并非在于它要求我们对1989年思考的问题给出不同的答案，而是彻底改变了这些问题。与二十五年前相比，我们的知识基础发生了重大变化。

在福山的概念框架中，人类需要面对的核心问题很明确，那就是西方如何改变世界其他地方？世界其他国家如何才能最好地仿效西方？需要引进和复制哪些具体的制度和政策？哪些书需要翻译和再版？如何扩大旧的制度？建立什么样的新制度？

互联网作为一种大众现象的到来影响了西方对福山未来愿景的热切认可。苏东剧变和互联网的诞生似乎相伴而生，因为历史的终结要求在技术和社会生活领域进行创新的同时，在政治和制度领域进行模仿。革命这个词从政治领域转移到了技术领域。1989年预示着一个全球竞争将加剧的世界，但这种竞争发生在公司和个人之间，而不是在意识形态和国家之间。福山设想了一个全球市场，在那里，思想、资本和商品可以自由流动，而人们则待在家里进行社会民主化。福山的故事中完全没有“移民”这个词，也没有伴随而来的人们跨越国界的画面。对他来说，真正重要的是思想的自由传播。在他看来，思想可以自由跨越国界，因此，自由的观念将赢得人心。

然而，这种世界愿景正在快速失去人心。只有对其主要假设提出质疑，我们才能充分应对欧洲一体化方案解体的风险。欧盟生存危机的核心问题，以及自由秩序的不断下降所带来的问题，不是关于西方在努力改变世界的过程中做错了什么，而是过去 30 年如何改变了西方自身，以及它输出价值观和制度的雄心如何导致西方社会出现深刻的认同危机。这么多欧洲人毫无保留地认为移民流动是民主失败的标志，这是当前问题的症状。只有对冷战结束的意外后果进行了彻底的反思，才能理解为何愤怒的民粹主义者在整个西方世界的选举中大获全胜，为什么自由主义的宽容观念，廉价地沦为“政治正确”的讽刺概念，开始被视为人民的敌人。

福山认为塑造未来进步的引擎是思想，但是今天，数百万合法或非法进入欧盟的人将塑造 21 世纪的欧洲历史。换句话说，移民是决定欧洲自由主义命运的历史角色。但移民危机在欧洲政治中的核心地位，迫使我们不仅要重新想象未来，还要重新解读过去。

就当福山在西方政治精英的热烈掌声中宣称历史已经终结的同时，另一位美国政治学家、加州大学伯克利分校的肯尼斯·乔伊特（Kenneth Jowitt）则提出了一种截然不同的对冷战结局的解释。在他看来，冷战结束并不是一个胜利的时刻，相反，它标志着危机和创伤的开始，播下了他所说的“新的世界混乱”的种子。① 乔伊特的整个职业生涯都在研究周边的苏东政权，比如齐奥塞斯库治下的罗马尼亚是如何使苏联模式发生变异的。他质疑福山的理论，即终结是“某种历史性的外科手术式打击，世界其他地区基本不受影响”。在乔伊特看来，苏东剧变“应该被比作灾难性的火山爆发，最初只会影响周围的政治‘生物群’……但其后续很可能会对边界和身份认同产生全球性影响，而在半个世纪以来，这些边界和身份认同在政治、经济和军事上定义和规范了世界”②。

在福山看来，冷战后的世界仍然受到形式秩序的约束，国家之间的边界将继续存在，但不再构成挑起战争和冲突

---

① Ken Jowitt, “After Leninism: The New World Disorder,” *Journal of Democracy* 2 (Winter 1991): 11—20. Jowitt later elaborated his ideas in *The New World Disorder: The Leninist Extinction* (Berkeley: University of California Press, 1992); see esp. chapters 7—9.

② Ibid., 310.

的力量和动机。他设想了一种重视价值观胜过利益的后现代国家理念的传播，一种不出意料地体现在欧盟结构中的超国家（suprastate）。相比之下，乔伊特的观点要悲观得多：他设想的是重新划定的边界、重塑的身份认同、扩大的冲突和极大的不确定性。在他看来，后冷战时期并不是一个只剩下少数戏剧性事件的模仿时代，而是一个痛苦而危险的时代，这个时代充斥着反乌托邦的、变异的和不可预测的政权。在福山的想象中，欧洲是未来全球自由秩序的典范。但是，对于乔伊特来说，旧大陆是新的世界混乱的中心。

乔伊特同意福山的观点，认为没有任何普世的意识形态会挑战自由民主，但他对后意识形态政治的概念感到焦虑。福山并不认为自己的任务是回应“世界上每一个疯狂的弥赛亚所倡导的对自由主义的挑战”，或者是“阿尔巴尼亚或布基纳法索的人想到的”奇怪的狭隘思想。[①] 对此，乔伊特有不同的看法。这位伯克利的教授预见了被淹没的种族、宗教和部落身份的回归。对他来说，历史的终结将预示着一个怨恨的时代。自由主义强大的普世意识形态缺

① Francis Fukuyama, “The End of History?,” in *The National Interest*, Summer 1989.

乏对手，但并不意味着革命本身的结束，而是会引发对普世思想本身的反抗，以及对捍卫这一思想的西方化的世界性精英的反抗。

乔伊特预测，在一个互联互通但经济、政治和文化差异显著的世界里，我们应该做好准备，以应对从被削弱的民族国家灰烬中爆发的愤怒和“愤怒运动”。乔伊特指出，冷战后的秩序是一种单身酒吧，“这是一群互不相识的人，用行话来说就是，勾搭上，回家，做爱，再也见不到对方，记不起对方的名字，然后再回到酒吧去找别人。所以这是一个由断裂组成的世界”①。换句话说，这是一个经历很丰富却无法建立稳定身份和忠诚的世界。

不出所料，对于全球化带来的不确定性，一种可能的反应是重新设置壁垒，作为民主和国家的理想边界。在乔伊特的暗示性比喻中，“壁垒是一桩罗马天主教的婚姻。一旦结了，就不能离了”②。正是从 20 世纪 90 年代互相隔离的世界到今天出现的充满壁垒的世界的转变，改变了民主

① Harry Kreisler interview with Ken Jowitt, “Doing Political Theory,” Conversations with History, Institute of International Studies, UC Berkeley (Regents of the University of California, 2000). http://globetrotter.berkeley.edu/people/Jowitt/jowitt-con5.html.

② Ibid.

政权所扮演的角色。作为一种有利于少数派解放（同性恋游行、妇女游行、平权行动政策）的政权类型的民主，被一种赋予多数人偏见以权力的政权类型所取代。而推动了这一转变的，正是难民和移民潮造成的政治冲击。早在英国脱欧和唐纳德·特朗普当选美国总统之前很久，伦敦智库 Demos 进行的一项研究显示，反对自由移民政策是右翼民粹主义政党支持者的决定性特征。[①] 正是因为自由主义未能解决移民问题，而不是经济危机或日益加剧的社会不平等，才导致公众转而反对自由主义。让自由主义在这么多人眼里等同于虚伪的，是自由派精英没有能力和意愿讨论移民问题并与其后果作斗争，却坚持现有政策总是正和的（即双赢）。这种对自由派精英虚伪的反抗，正在从根本上重塑欧洲的政治格局。

正如思想的自由流动埋葬了冷战一样，跨越欧盟和美国边界的人口流动埋葬了冷战后的秩序。难民危机暴露了后冷战模式的无用，特别是冷战制度和规则在应对当代世界问题方面的无能。1951 年《关于难民地位的公约》就是

① Jamie Bartlett, Jonathan Birdwell and Mark Littler, *The New Face of Digital Populism*（London: Demos, Magdalen House, 2011）https://www.demos.co.uk/files/Demos_OSIPOP_Book-web_03.pdf.

这种失败最引人注目的例子之一。

这个公约是联合国的一项多边条约，它定义了难民的身份，并规定了获得庇护的个人的权利和给予庇护的国家的责任。经1967年《议定书》修正的《关于难民地位的公约》第1条对难民的定义如下："由于1951年1月1日以前发生的事情并因有正当理由畏惧由于种族、宗教、国籍、属于某一社会团体或具有某种政治见解的原因留在其本国之外，并且由于此项畏惧而不能或不愿受该国保护的人；或者不具有国籍并由于上述事情留在他以前经常居住国家以外而现在不能或者由于上述畏惧不愿返回该国的人。"①

很明显，这个公约的框架主要针对的是欧洲人，特别是二战难民和冷战早期离开东欧的人。这个公约从来就不是为大批从西方以外的人来到西方而设计的。毕竟，在1951年，世界上仍然主要由欧洲帝国组成。

在这种背景下，当前欧洲的移民危机以及《关于难民地位的公约》未能有效应对这一危机，成为重新想象当今

① Convention and Protocol Relating to the Status of Refugees (Public Information Section: 1996, UNHCR/PI/CONVUK1.PM5/AUGUST 1996), 16. http://unhcr.org.ua/files/Convention-EN.pdf.

世界的转折点。直到昨天还被定义为冷战后世界的东西，现在看来越来越像是第二轮去殖民化。但是，如果第一轮去殖民化是殖民者返回家园，那么第二轮即今天的去殖民化是被殖民者移民到殖民者的首都。半个世纪前，被殖民者宣称欧洲殖民者做出的赋予他们自治的承诺是他们解放的依据，现在他们要求保护人权，以便捍卫他们在欧洲受到欢迎的权利。

无论是从法律还是从实践的角度来看，明确区分难民和移民是很有意义的。毕竟，两者未必是同一回事。移民离开他们的国家是希望过上更好的生活，而难民逃离他们的国家是希望拯救自己的生命。但为了弄清楚大规模人口流动给欧洲人的认知带来的挑战（这是笔者分析的重点），我将交替使用"移民""移民危机"和"难民危机"这三个表达。

尽管在政治背景上存在巨大差异，但当前的形势与 20 世纪 60 年代的大众激情有相似之处。焦虑的大多数人担心外国人正在接管他们的国家，威胁到他们的生活方式，并确信当前的危机是由具有世界主义意识的精英阶层和具有部落意识的移民之间的某种阴谋造成的。这些受到威胁的多数派代表的不是被压迫者的愿望，而是被赋权者的沮丧。

它不像一个多世纪前那样，是一种被民族主义者的浪漫想象所奴役的“人民”的民粹主义，而是由这样一种预测所助长的民粹主义，那就是欧洲在世界上所扮演的角色不断缩小，并且将有大批人口涌向欧洲。这是一种历史和先例都没有让我们做好充分准备的民粹主义。

在许多方面，今天投票支持欧洲极右翼的人与阿尔及利亚独立战争期间被迫离开那里的法国移民有着同样的心情。他们都变得更加激进，都有一种被背叛的感觉。

米歇尔·维勒贝克（Michel Houellebecq）的小说《臣服》(*Submission*) 引发了人们的热议和辩论。这部小说很好地捕捉到了由这种新民粹主义激发的怀旧情绪和宿命论，这种思想弥漫着恐惧的欧洲。① 小说的主人公弗朗索瓦是索邦大学一名学者，四十多岁，单身，吃的是微波晚餐，有时会跟女学生发生难以持久的恋爱关系。他没有朋友（就此而言，也没有敌人），除了 19 世纪的法国文学之外，他对其他一切都兴味索然。弗朗索瓦在互联网上浏览色情作品，光顾性工作者，并见证了因循守旧和政治正确是如何将伊斯兰主义者推上了法国的权力舞台，把法国变成了一

① Michel Houellebecq, *Submission: A Novel* (New York: Farrar, Straus and Giroux, 2015).

个开明的沙特阿拉伯。挪威作家卡尔·奥韦·克瑙斯加德（Karl Ove Knausgaard）这样评论这部小说："作为一份超然的事实清单，很明显本书探讨的是孤独、爱与意义的缺乏、无法感受情感或与他人建立亲密关系。"①

当然，弗朗索瓦的孤独只是维勒贝克的文学载体。这部小说剖析了世俗欧洲在伊斯兰崛起面前的衰落和投降。这关乎一个没有反抗意志、没有领导人为之奋斗、没有地方可逃的欧洲。弗朗索瓦 22 岁的情人米丽娅姆和她的父母一起前往以色列，但弗朗索瓦自己却无处可去。在欧洲受到威胁的多数派痛苦的想象中，移民构成了一种入侵，外来者从四面八方涌来，当地人却无法选择离开。从这个意义上说，极右翼选民认为自己比那些被迫离开阿尔及利亚的法国殖民者更加悲惨，因为他们无处可回。

论点和投票的迁移

十年前，匈牙利哲学家加斯帕·米克洛斯·塔马斯

① Karl Ove Knausgaard, "Michel Houellebecq's 'Submission,'" *New York Times*, November 2, 2015. https://www.nytimes.com/2015/11/08/books/review/michel-houellebecqs-submission.html.

（Gaspar Miklos Tamas）指出，启蒙运动要求普遍公民权，而欧盟的理念正是植根于启蒙运动思想之中。① 但是，要实现普遍公民权，必须具备下面两个条件之一：要么人们享有寻找工作和更高生活水平的绝对行动自由，要么各国之间巨大的经济和政治差距全部消失，让人民在任何地方都能平等地享受他们的普遍权利。但这两种情况都不会很快发生，甚至永远不会发生。2014 年，《经济学人》根据国际货币基金组织的数据估计，新兴经济体可能要等上 300 年才能赶上西方的生活水平。当今世界上有许多已经失败或即将失败的国家，没有人愿意在其中生活和工作，而欧洲既没有能力也没有意愿开放其边境。

移民危机使自由主义面临一个矛盾，这个矛盾是其哲学的核心。在自由和繁荣方面，欧洲各国处于不同的阶段，公民的普遍权利怎样才能与这一事实相协调呢？最能决定一个人一生收入的因素不是他的教育程度，也不是他父母的教育程度，而是他的出生地。有证据表明，出生在最贫穷国家的儿童在 5 岁前死亡的可能性是其他国家的 5 倍。

---

① Gaspar Miklos Tamas, "What Is Post-fascism?," *open Democracy.net* 13（September 2001）. https://www.opendemocracy.net/people-newright/article_306.jsp.

那些能幸存下来的人很可能得不到诸如清洁水源和住房等基本生活服务，而且营养不良的可能性要高出10倍。他们目睹或自己遭受侵犯人权行为的可能性也大大增加。如果你想为你的孩子寻求一种经济上安全的生活，你能做的最好的事情就是确保你的孩子出生在德国、瑞典或丹麦。归根结底，这比漂亮的大学学位、成功的事业或少生几个孩子更重要。

正如阿耶莱特·沙哈尔（Ayelet Shachar）在其《与生俱来的彩票》（*The Birthright Lottery*）一书中所说，一个国家的成员资格（具有其特定的财富水平、稳定程度和人权记录）对我们的身份、安全、福祉和实际可获得的机遇有重大影响。[①] 按照这种解读，德国人最宝贵的资产是他们的德国护照。因此，德国人对本国护照贬值的担忧不亚于对通胀的担忧，这也就不足为奇了。无论是什么资产，只要过于普遍，过于共享，都会出现贬值。由此观之，富裕社会的正式成员身份就变成了一种复杂的财产继承形式，这是一种宝贵的权利，通过法律传递给一群特定的接受者，条件是这一宝贵的权利永久地传给他们的继承人。这一遗

① Ayelet Shachar, *The Birthright Lottery*: *Citizenship and Global Inequality* (Cambridge, MA: Harvard University Press, 2009).

产可以带来极其宝贵的权利、利益和机会。全球 97% 的人口——超过 60 亿人——通过这种出生彩票的方式成为某个国家的终身成员，他们要么选择如此，要么被迫如此。

正是这种与生俱来的权利彩票，挑战了自由主义政治的主要前景，并定义了移民在全球事务中的重要作用。在当今这个互联互通的世界里，移民是一场新的革命，这不是 20 世纪的大众革命，而是 21 世纪由个人和家庭发起的移民驱动的革命。激发这场革命的，不是富有意识形态色彩的、想象中光辉灿烂的未来图景，而是谷歌地图上边界另一边的生活场景。移民并不是激进理论家阿兰·巴迪欧（Alain Badiou）所说的“广大群众的实际先锋”，而是十分孤独的革命者。① 他们并不会创作或阅读宣言。要想成功，这场新的革命不需要连贯的意识形态、政治运动，甚至不需要领导。跨越欧盟边界的简单行动比任何乌托邦都更有吸引力。对于今天的许多劳苦大众来说，改变意味着通过离开来改变国家，而不是通过留在原地来改变政府。

1981 年，密歇根大学的研究人员进行了第一次世界

① Slavoj Žižek, “The Cologne Attacks Were an Obscene Version of Carnival,” *New Statesman* 13 (January 2016).

价值观调查，他们惊讶地发现，一个国家的幸福并非由物质福利决定。① 当时，尼日利亚人与西德人一样满足。但是35年后，情况发生了变化。现在每个人都有一台电视机，互联网的普及使得非洲和阿富汗的年轻人只需点击鼠标，就能看到欧洲人的生活以及他们的学校和医院的情况。全球化让世界变成了一个村庄，但这个村庄处在一种独裁统治之下，而这个独裁者就是全球对比。人们很少把自己的生活与邻居的生活进行比较，而是将自己与这个星球上最富裕的居民相比较。早在50年前，雷蒙·阿隆（Raymond Aron）就一针见血地指出，"随着人类走向统一，不同民族之间的不平等变得与曾经存在的阶级之间的不平等一样意义重大"②。

危机与左派

在反思难民危机的欧洲影响时，斯洛文尼亚哲学家斯

① "History of the World Values Survey Association," http://www.worldvaluessurvey.org/WVSContents.jsp?CMSID=History.

② Raymond Aron, *The Dawn of Universal History: Selected Essays from a Witness to the Twentieth Century*（New York: Basic Books, 2002）.

拉沃热·齐泽克（Slavoj Žižek）援引了伊丽莎白·库伯勒-罗斯（Elisabeth Kübler-Ross）的经典著作《论死亡和临终》（*On Death and Dying*）。① 在这本书中，库伯勒-罗斯提出了著名的五阶段模型，即当我们得知自己身患绝症时，我们的反应可以分为五个阶段，分别是：

否认（“这不可能发生在我身上。”）
愤怒（“这怎么会发生在我身上？”）
讨价还价（“让我活着看到我的孩子们毕业吧。”）
沮丧（“我都快死了，何苦呢？”）
接受（“既然无力回天，索性为之做好准备吧。”）

在齐泽克看来，面对来自非洲和中东的难民潮，西欧的公众舆论和当局的反应也经历了与此类似的不同阶段。有否认：“事情没那么严重，我们就随它去吧。”有愤怒：“难民是对我们生活方式的威胁，原教旨主义者就藏在他们中间，应该不惜一切代价阻止他们！”有讨价还价：“好吧，

① Slavoj Žižek, “We Can't Address the EU Refugee Crisis without Confronting Global Capitalism,” *In These Times*, September 9, 2015. http://inthesetimes.com/article/18385/slavoj-zizek-european-refugee-crisis-and-global-capitalism.

让我们设立配额，支持他们在自己的国家建立难民营！”有沮丧：“我们迷失了，欧罗巴正在变成欧罗巴斯坦！”他认为，这里还缺少最后一个阶段，即接受，而这将意味着在处理难民问题时采取一以贯之的全欧洲方案。

权利的普遍性质与其在国家背景下的实际行使之间的矛盾，是当前左翼面临难民潮危机的核心困难。作为左翼的文化象征之一，在难民危机最严重的时候，齐泽克引发了一场反动的洪水，他坚持认为“捍卫自己的生活方式并不排除道德普适性”，为了保持其在社会中的进步作用，左翼应该退出其长达数十年的反对欧洲中心主义的战争。毕竟，在 20 世纪 70 年代，是西方左翼分子热情地主张印度农村社区捍卫他们的生活方式和抵制全球化的权利。现在，一般是右翼政党主张繁荣的欧洲共同体有权捍卫他们的生活方式，并抵制那些渴望像生活在自己国家一样生活在欧洲的难民。左翼正在为如何应对这一新现实而苦恼。

欧洲中左翼也面临着自身的认同危机，因为随着这几年的大规模移民，它在选举中受到了严重削弱。随着工人的选票转向极右，整个欧洲大陆的社会民主党自身也在自由落体。在奥地利，近 90% 的蓝领工人在 2016 年 5 月的第二轮总统选举中投票给了极右翼候选人。在德国的地方选举中，该群体中超过 30% 的人支持反动的德国新选择党（Alternative for Germany）。在 2015 年 12 月的法国大区选举中，国民阵线（National Front）在工人阶级选民中的支持率达到了 50%。或许最令人惊讶的是，那些在英国脱欧公投中最坚决支持“脱欧”的人，来自英格兰北部传统的“安全”工党席位。

现在已经很清楚，欧洲的后马克思主义工人阶级没有理由成为国际民族主义者，他们今天既不相信自己的先锋角色，也不相信全球性的反资本主义革命。左翼和右翼之间的分歧曾是欧洲民主政治模式的结构基础，但现在已经失去了代表社会分歧的力量。《展望》杂志前编辑大卫·古德哈特（David Goodhart）澄清道：

> 旧的阶级和经济利益的划分并没有消失，而是越来越多地被一个更大、更松散的划分所覆盖——从任何地方看世界的人和从某个地方看世界的人。前者主导了我们的文化和社会。他们拥有基于教育和职业成功的“获得的”（achieved）身份，这让他们对新的地方和人普遍感到舒适和自信。顾名思义，从某个地方看世界的人更加扎根于某地，通常拥有“被赋予的”

（ascribed）身份，如苏格兰农民、泰恩赛德的工人和康沃尔郡的家庭主妇等。这些身份基于群体归属和特定地点，这就是为什么快速的变化更会让他们感到不安。①

在塑造选民的政治认同方面，这两种人之间、世界主义者和本土主义者之间、开放社会和封闭社会之间的冲突，已经变得比以前基于阶级的认同更加重要。在 2016 年美国大选后公布的众多选举地图中，其中一个很好地表明了这一点，从中可以看出，虽然支持特朗普的地区占美国国土面积的 85% 左右，但希拉里的支持者约占美国总人口的 54%。如果我们把这些选民想象成两个国家，马上就会注意到，支持希拉里的沿海地区和城市岛屿让人想起 19 世纪的英国，而支持特朗普的地区则更像由俄罗斯和德国统治下的欧亚大陆。希拉里和特朗普之间的政治斗争是海上力量和陆地力量之间的斗争，是从空间角度思考的人和从地点角度思考的人之间的斗争。这些新的分界线有助于解释为什么虽然反资本主义情绪高涨，尤其是在年轻一代

---

① David Goodhart, *The Road to Somewhere: The Populist Revolt and the Future of Politics*（London：C. Hurst, 2017）.

中，传统社会民主党依然在争取选民支持方面遭遇惨败。具有国际意识的工人阶级的消失标志着欧洲政治的重大调整。

新的后乌托邦民粹主义未能按照传统的左右翼发展，这已不再令人惊讶。与以前不同，新民粹主义没有任何教理或教育方面的野心。新的民粹主义领导人不会幻想改变他们的社会。他们不去想象人民会成为什么样子，而是就喜欢人民本来的样子。在没有任何共同方案的情况下赋予人民权力，这是新民粹主义的抱负。从这个意义上说，新民粹主义非常适合这样的社会：在这样的社会中，公民首先是消费者，他们将领导人视为服务员，希望他们能迅速满足自己的愿望。

人权和危机

难民危机加速了人权话语作为欧洲政治主导话语的衰落。菲利普·罗斯（Philip Roth）在《美国牧歌》（*American Pastoral*）中写道：“人们总是从长远的角度看待历史，但其实历史是很突然的事情。”没有什么比我们看待人权的方式更能说明这一点了。人们往往会认为人权运动和人类本身一样古老，但正如哈佛历史学家和法律学者塞缪尔·莫恩（Samuel Moyn）令人信服地指出的那样，人权运动的诞生日期相对较近，不过是在20世纪70年代的某个时候。此外，要想正确理解人权范式的普及，我们应该认识到它既可以替代以国家为中心的乌托邦，也可以替代其他国际主义乌托邦。

事实上，正是人权的后乌托邦性质使其成为1989年后和“历史终结”以后世界的一种天然意识形态。20世纪90年代，世界舆论认为，人的权利超越了出生国，这是不言而喻的。所谓的基本自由具有不可抗拒的吸引力，这种吸引力的根源在于它们与国家的能力相分离。缺乏国家资源不能作为不公正对待公民的借口，这曾经是老生常谈。斯蒂芬·霍姆斯（Stephen Holmes）等政治理论家坚持认为，权利是有代价的，国家的能力与政权使这种权利成为现实的能力是分开的，这样的观点已经被忽视。[①] 但在难民危机的过程中，关于难民和移民的辩论已经从权利和经济的讨论转变为关于安全的讨论。政府和公众都认为，他们的道德责任不能与他们提供帮助的能力以及新来者给社

---

① Stephen Holmes, *The Cost of Rights: Why Liberty Depends*（New York：W. W. Norton，2000）.

会带来的风险分开。

这种观点的转变带来的不利影响是，欧洲人开始质疑他们以前所信奉的东西。开放的边界不再是自由的标志，而是成为不安全的象征。正如凯利·格伦希尔（Kelly Grennhill）所指出的那样，欧洲人震惊地发现，自1951年《关于难民地位的公约》生效以来，全球至少有75次国家和非国家行为者试图将流离失所者用作政治武器。他们的目标涵盖了政治、军事和经济等领域，从提供财政援助到全面入侵和协助实施政权更迭。在近四分之三的历史案例中，胁迫者至少实现了他们一些明确的目标。在记录在案的案例中，至少有一半的情况下，他们获得了全部或几乎全部他们想要的东西，使这种相当非传统的国家级影响手段比经济制裁或传统的、军方支持的强制性外交手段更有效。①

在一个确保相互干扰的世界里，欧洲人发现这样一个事实尤其可怕，那就是事实证明，利用移民作为施压工具对付他们特别成功。

① Kelly M. Greenhill, "The Weaponisation of Migration," in *Connectivity Wars*, ed. Mark Leonard（London: European Council on Foreign Relations, 2016）, 77.

如果说欧洲人倾向于将“民主”的传播视为世界安全与繁荣的先决条件，那么移民危机如今已从根本上挑战了这一假设。欧洲以外的国家对“民主”的支持出现了裂痕，不妨说这是移民危机的附带损害。如果说欧洲人以前认为输出他们的政治体系会给这个脆弱的世界带来稳定，现在，他们倾向于同意俄罗斯总统弗拉基米尔·普京的观点，那就是“民主”的传播可能会引发动荡。如果在形而上学的意义上可行的话，许多欧洲人可能会投票支持利比亚领导人卡扎菲复活并重新掌权。在新的欧洲共识中，他可能是一个独裁者，但他可以让欧洲免受移民问题的困扰。

这样一来，移民危机不仅改变了欧洲政治的均势，破坏了支配欧洲几十年的自由主义共识，而且引发了左翼和右翼的认同危机，颠覆了欧盟用来为自己辩护的论据。欧洲不再以未来世界的典范自居。欧盟现在被宣传为一个堡垒大陆的最后希望，至少它的大量支持者是这样做的。

对宽容的反抗

在 20 世纪 90 年代，全球化意味着思想、商品和资本的边界开放，并被誉为世界民主化的一股力量。现在的情况不再是这样了。早在 1994 年，爱德华·勒特瓦克（Edward Luttwak）就警告说，全球资本主义的蔓延可能会引起法西斯主义的回归。他写道："我们不需要知道如何拼写'gemeinschaft'（礼俗社会）和'gesellschaft'（法理社会），就能认识到由今天涡轮增压的资本主义所产生的法西斯倾向。"① 现在许多人会赞成他的观点，认为他有先见之明。"创造性破坏"的概念是我们全球化经历的核心。但是，如果说十年前我们更倾向于关注"创造"，那么遗憾的是，现在的关注点是"破坏"。

长期以来，宽容和礼貌一直是欧盟的决定性特征。如今，它们常常被视为欧盟的核心弱点。自相矛盾的是，对宽容的反抗在民粹主义者和自由主义者中都很流行。民粹主义者认为，他们的社会正被非白人的种族、文化和宗教"污染"而发生"褐变"，欧洲无法或不愿捍卫自己的价值观。自由主义者也担心社会正在发生"褐变"，但他们的理由是越来越多的人认同德国纳粹党褐衫军的意识形态。

---

① Edward Luttwak, "Why Fascism Is the Wave of the Future," *London Review of Books* 16, no.7（April 7, 1994）. https://www.lrb.co.uk/v16/n07/edward-luttwak/why-fascism-is-the-wave-of-the-future.

已故的塞缪尔·亨廷顿（Samuel Huntington）指出："身份就像原罪。无论我们怎样反对它，都甩不开它。"①目睹自由、宽容的西方社会竟然沦落到最糟糕的身份政治，实在令人震惊。对20世纪30年代反自由主义卷土重来的担忧，在今天的欧洲精英中十分普遍，尽管这种担忧经常是以心理学（而不是社会学）的术语来表达的。20世纪30年代和40年代，那些有幸离开德国的德国人被一个问题困扰着，那就是法西斯主义是否会在他们的新家园出现？他们不愿意只从德国民族性格或阶级政治的角度来解释威权主义，真的很害怕法西斯意识形态会在全球蔓延。他们痴迷于大众的非理性，但他们中的一些人试图将威权主义视为个人的一种稳定特征或某种类型的人格。20世纪50年代，西奥多·阿多诺（Theodor Adorno）率先对"威权主义人格"进行了深入研究。从那时起，最初的假设被重新表述和完善，对威权主义政治心理根源的研究经历了多次重新梳理。尽管如此，这种方法依然有很强的吸引力。

凯伦·斯坦纳（Karen Stenner）在2005年出版的

---

① Samuel P. Huntington, *Who Are We?: The Challenges to America's National Identity*（New York: Simon & Schuster, 2004）, 21.

《威权主义动力》(*Authoritarian Dynamic*)一书中，有效地展示了心理学方法在研究当今西方社会政治变化方面的相关性。[①] 在这本书中，斯坦纳论证了对威权主义统治的需求并不是一种稳定的心理特征，而是个体的一种心理倾向，当他们意识到威胁程度增加时，就会变得不宽容。在乔纳森·海特（Jonathan Haidt）看来，“就好像有些人的额头上有个按钮，当按钮被按下时，他们突然变得非常专注于保护自己的小集团，驱逐外人和不墨守成规的人，并铲除集团内的持异见者”[②]。并不是任何威胁都会触动这个按钮，而是斯坦纳所说的“规范性威胁”(normative threat)，即当一个人感到道德秩序的完整性受到威胁，个人所属的“我们”似乎正在瓦解时，或者当他觉得历史的发展方向威胁到他的时候。实验表明，不仅当人们认为移民人数可以接受，而且当他们看到移民成功融入的迹象时，他们会更愿意容忍移民。

心理学家认为，人们总是在思考这样的问题：“我们身

---

① Karen Stenner, *The Authoritarian Dynamic*（Cambridge: Cambridge University Press, 2005）.

② Jonathan Haidt, “When and Why Nationalism Beats Globalism,” *The American Interest* 12, no. 1（July 10, 2016）. http://www.the-american-interest.com/2016/07/10/when-and-why-nationalism-beats-globalism/.

边有多少这样的人?”以及“他们准备好成为像我们一样的人了吗?”但是，当人们怀疑外国人的涌入开始失控时，对这些问题的回答就会变得更加否定。正是对道德秩序崩溃的恐惧，而非个人的具体情况，促使个人转而反对被视为威胁的外国人和其他人。对于唐纳德·特朗普这种政治领导人的成功，最好的解释是，他们有能力说服美国选民，让他们相信有人越过了某条界限。同样，英国脱欧运动的胜利可以用以下事实来解释，那就是多年来，超过一半的英国人已经达成共识，即“近年来英国变得面目全非，有时感觉就像一个陌生的国家，这让我感到很不舒服”。

在他的经典剧作《犀牛》中，尤金·尤奈斯库（Eugene Ionesco）捕捉到了这一点，一个社会因为害怕犀牛的出现而一夜之间都变成了犀牛。尤奈斯库倾向于将战前欧洲的自由主义危机、法西斯主义崛起，视为一种由集体疯狂驱动的病态盲从。相比之下，凯伦·斯坦纳则强调了划分道德秩序的无形界线的存在，一旦跨越了这些界线，自由民主的宽容公民就会变成极右翼的愤怒追随者。要想知道一个人是否支持英国脱欧，最好看他对死刑的看法。那些要求恢复死刑的人是最有可能投票支持脱欧的人。

从这个意义上说，难民危机对欧洲政治的主要影响是它引发的道德恐慌，即一种局势已经失控的感觉。我们看到，2015 年在德国或奥地利等地，人们对逃离战争和迫害的难民持非常开放的态度，但如今，这种态度已经发生了逆转，取而代之的是一种强烈的焦虑，即这些一年前受到热烈欢迎的外国人将危及欧洲的福利模式和历史文化，并将摧毁我们的"自由社会"。位于欧洲道德恐慌核心的，是对激进主义的恐惧和对陌生事物的普遍焦虑。2017 年 1 月，民调公司 YouGov 发现，81% 的法国人、68% 的英国人和 60% 的德国人预计，他们的国家在未来一年中将发生一次重大恐怖袭击。① 难民或移民不断冲击欧盟边境的前景，侵蚀了欧洲人对其政治体系的信任。

除了对移民的担忧，技术变革也带来了另外一种焦虑。对野蛮人入侵的恐惧与对被机器人取代的恐惧并存。在我们即将看到的技术反乌托邦时代，将没有工作留给人类。根据英国政府最近的一项研究，在未来 30 年里，欧盟目前 43% 的工作将实现自动化。

① Matthew Smith, "People across the West Think We Are Close to a New World War," *YouGov Research*, January 5, 2017. https://today.yougov.com/news/2017/01/05/people-major-western-nations-think-world-close-maj/.

当工作是一种特权而不是一种权利或义务时，社会将如何运转，这不再是一个理论问题。大型创业孵化器 Y Combinator 已经宣布，它将在加利福尼亚州奥克兰市的大约 100 个家庭中进行基本收入实验，在为期一年的时间里每月给他们 1 000 到 2 000 美元，没有任何附加条件，看看人们不需要工作谋生时会做什么。无论是从知识和智力的角度，还是从人生意义的角度，没有工作可做的前景都是一个重大的挑战。在一个后工作社会中，人们如何能够在他们的生活中创造意义，这个问题的紧迫性不亚于民主本身如何在一个后真相的政治世界中发挥作用。

在人口结构的反乌托邦中，公民面临着同样严峻的选择。为了确保自己的繁荣，欧洲人需要开放边境，然而，这种开放可能会消除他们的文化独特性。或者，欧洲人可以选择关闭边境，但他们需要为总体生活水平的急剧下降做好准备，为每个人都需要工作到老的未来做好准备。

移民分歧还是不同团结的冲突？

难民危机不仅迫使欧洲人对自己的政治模式产生怀疑，也导致了欧盟的分歧，重新激活了 1989 年之后弥合的东西方分歧。我们今天在欧洲看到的不是布鲁塞尔所说的缺乏团结，而是一种不同团结之间的冲突，民主、种族和宗教的团结与我们作为人类的义务背道而驰。这种团结的冲突不仅发生在社会内部，也发生在民族国家之间。

简单地看一下民意调查就足以看出，在过去的十年里，西欧和东欧对欧盟的信任程度各不相同。总的来说，西欧人更信任本国政府，而不是欧盟，他们明确表示，只有当他们的政府有能力影响欧洲的发展方向时，他们才对欧盟有信心。

在东欧，其逻辑是不同的。那里的大多数人更可能信任布鲁塞尔，而不是本国政府。他们把希望寄托在布鲁塞尔的技术官僚身上，希望他们能比本国领导人更有能力，更少腐败。移民危机颠覆了这种局面。德国人和瑞典人现在不太相信他们的政府有能力塑造欧盟的共同政策，而东欧人虽然仍然对本国政府的能力和诚实持怀疑态度，但是此时对本国政府的信任超过了对布鲁塞尔的信任。他们认为本国的政府会捍卫国家利益。简而言之，移民带来了政治的重新国有化，以及随之而来的东西方分裂的复活——如果这种分裂真的曾经消失的话。

最近的一项研究以一种特别真实的方式提出了这种分

歧是否曾经消失的问题，这项研究发现，相对于两个都位于东德或西德的城市，当一个城市位于前西德，另一个城市位于前东德时，德国人更容易高估它们之间的距离。对于那些对德国统一持悲观态度的人来说，高估的程度更为明显。这可能意味着，欧洲的统一一直以来都是一个梦想，而不是现实。而正是东西方分裂的回归，比其他任何政治发展都更加剧了人们对欧盟部分甚至全面解体的担忧。

实际上，欧洲目前面临的所有危机都在以这样或那样的方式分裂欧盟。欧元区危机将欧盟划分为南北两部分。英国脱欧凸显了核心国家和外围国家之间的分歧。在如何应对俄罗斯的问题上，乌克兰危机将欧洲分成了鹰派和鸽派。但在难民危机后重新出现的东西方分歧，才是威胁欧盟未来生存的因素。

东欧的同情赤字

德国总统约阿希姆·高克（Joachim Gauck）曾说过：“那些其公民曾经受到政治压迫和经历过团结的国家，为什么会撤回对其他地方被压迫人民的声援，我发现这一点很难理解。”[1] 为什么中欧人对支撑欧盟的基本价值观如此疏远，对其他国家的苦难表现出如此少的同情?

从西方的角度来看，东欧的行为让人不齿之处并不是准备筑起围墙将难民拒之门外，而是声称“我们不欠这些人任何东西”。移民问题在西方也是一个存在分歧的问题，每一次恐怖袭击都增加了对默克尔总理开放边境政策不满的德国人的比例。但是，尽管德国近 10% 的人口参加了旨在帮助寻求庇护者的各种志愿活动，但东欧公众（除了相对少数的铁杆自由派人士）对难民的困境基本上无动于衷。这就是为什么那里的领导人会抨击布鲁塞尔在欧盟成员国之间重新分配难民的决定。斯洛伐克总理罗伯特·菲佐（Robert Fico）宣称，他的国家只愿意接受基督徒。他说，因为斯洛伐克没有清真寺，他觉得，穆斯林将会在他的国家迷失。波兰执政的法律与公正党领导人雅罗斯瓦夫·卡钦斯基（Jarosław Kaczski）警告说，接受难民会对公共健康造成风险，因为移民可能会携带危险的疾病。匈牙利总

---

① Patrick Donahue and Arne Delfs, “German President Backs Refugee Limits in Challenge to Merkel,” *Bloomberg.com*, January 20, 2016. https://www.bloomberg.com/news/articles/2016-01-20/german-president-backs-refugee-limits-as-path-to-public-support.

理维克托·欧尔班（Viktor Orbán）认为，欧盟的道德责任不是帮助难民，而是保证总体安全。和他传达的信息相一致，2016 年 10 月 2 日，欧尔班组织了一场公投，超过 98% 的投票者（44% 的合格选民参加了投票，低于公投生效所需的 50%）表示反对外国人入境。

引人注目的是，在对待难民的态度方面，信奉天主教的波兰与信奉东正教的罗马尼亚没有什么不同，而经济条件优越的捷克共和国也不比贫穷得多的保加利亚更欢迎难民。

如果考虑到以下三个事实，中欧国家对难民的不满就显得尤为奇怪。首先，在 20 世纪的大部分时间里，中欧和东欧的人们要么忙于移民，要么忙于照顾移民。这足以提醒我们，在 19 世纪末和 20 世纪初，最大的关注点是“西方的波兰化”，就像今天许多德国人对伊斯兰教的担忧一样。第二，中东欧国家的难民实际上很少。2015 年，进入斯洛伐克的难民人数为 169 人，其中只有 8 人要求留下来。由匈牙利恶作剧艺术家创立的“双尾狗党”（Two-Tailed Dog Party）张贴了一张海报，要求读者思考一个有趣的事实：匈牙利人在他们的一生中更有可能看到 UFO，而不是移民。第三，具有悲剧性讽刺意味的是，中欧经济体迫切需要移民。由于 1989 年之后的移民潮，东欧社会遭受人口减少的痛苦，因此在维持其福利制度方面面临着深刻的问题。自苏联解体以来，已有 250 万人离开波兰，350 万人离开罗马尼亚，立陶宛的人口从 350 万下降到 290 万，而且还在继续下降。

那么为什么东欧人对难民如此敌视呢？保加利亚的情况尤其具有启发性。在巴尔干战争和第一次世界大战之后，来到保加利亚的难民人数占该国人口的四分之一，在国际联盟的协助下，保加利亚人设法向所有这些人提供了食物和住所。当时的保加利亚看起来就像今天的约旦和黎巴嫩，保加利亚人有理由自豪，因为他们在很短的时间内成功地融合了这么多人。

为什么当时保加利亚人伸出援助之手，现在却拒绝这样做？答案很简单：一个世纪前，寻求庇护的是保加利亚人，现在却不是。他们曾经对本民族的同胞表现出必要的团结，但是他们认为不应该把这种团结延伸到其他逃离战争和迫害的人。事实上，今天自愿抓捕非法越境难民的保加利亚人比自愿帮助难民的保加利亚人要多。难民危机清楚地表明，东欧把欧盟赖以存在的世界性价值观视为一种威胁，而对许多西欧人来说，正是这些世界性的价值观成为新欧洲身份的核心。

尽管东欧对难民的敌意可能会让很多人感到震惊，但这并不奇怪。它植根于历史、人口和后冷战过渡时期扭曲的矛盾，也代表了中欧民众对全球化的反抗。

在中欧和东欧，历史很重要，该地区的历史经验往往与全球化的一些承诺相矛盾。中欧人比欧洲其他任何地方的人都更清楚所谓的多元文化主义的优点，也更清楚其阴暗面。东欧国家在 19 世纪后期出现，而且几乎是同时出现的。在西欧，殖民帝国的遗产塑造了与非欧洲世界的碰撞，而中欧国家诞生于德国、奥匈帝国、俄罗斯等欧洲大陆帝国的解体，以及随后的种族清洗。19 世纪西欧的民族融合总体上是和谐的，就像卡斯帕·大卫·弗里德里希（Caspar David Friedrich）的风景画，而中欧的情况则更像是奥斯卡·科科施卡（Oskar Kokoschka）的表现主义油画。在战前，波兰是一个多民族、多宗教的社会，其中超过三分之一的人口是德国人、乌克兰人或犹太人，今天，波兰是世界上种族最单一的社会之一，98% 的人口是波兰人。对其中许多人来说，恢复种族多样性就是回到两次世界大战期间的动乱时期。毕竟，正是对犹太人和德国人的毁灭和驱逐使得中欧国家中产阶级得以形成。欧盟是建立在法国的民族概念（归属感被定义为对共和国机构的忠诚）和德国的国家概念（强大的州和相对薄弱的联邦中心）的基础之上，而中欧国家是建立在相反的基础之上，他们将法国人对中央集权和全能国家的钦佩与德国人所持的公民身份意味着共同血统和共同文化的观念结合在一起。在法国政治学家雅克·鲁普尼克（Jacques Rupnik）看来，难民危机期间，德国对中欧国家的批评尤其激怒了他们，因为正是从19世纪的德国人那里，中欧借鉴了作为文化统一体的国家观念。

但中欧对当代难民的憎恶不仅源于其悠久的历史，还源于剧变后过渡时期的经历。这段经历使愤世嫉俗的情绪无处不在。在对公共机构的不信任程度上，中欧可能处于世界领先地位。布莱希特不再是学校课程的一部分，但大多数东欧人仍会认同他的观点："对于我们所生活的这个世界，我们都还不够坏。"① 面对移民的涌入和经济不安全的困扰，许多东欧人觉得自己被背叛了，他们原本希望加入欧盟会促进繁荣，结束他们充满危机的生存。他们比西欧

① Bertolt Brecht, "Das Lied von der Unzulänglichkeit des menschlichen Strebens," 1928. http://www.lyrikline.org/en/poems/ballade-von-der-unzulaenglichkeit-menschlichen-planens-770#.WNUJbNKLTcs.

人更穷，因此很不解怎么会有人指望他们自发地表达人道主义团结。坦率地说，东欧人对全球化的反应，与特朗普的白人工人阶级支持者没有太大不同。他们都认为自己是被遗忘的失败者。

东欧人对难民和移民的敌意也源于一种被背叛的感觉，当他们听到欧洲领导人将大规模移民描述为一种双赢的局面时，许多人都有这种感觉。牛津大学经济学家保罗·科利尔（Paul Collier）在《大迁移：移民如何改变世界》（*Exodus*）一书中明确指出，虽然从贫穷国家向西方的人口迁移对移民自身有利，总体上对东道国社会也有利，却会对这些东道国的社会下层产生负面影响，特别是影响他们的子女过上更好生活的机会。① 自由主义者拒绝承认移民带来的任何负面影响，这引发了反体制（尤其是反主流媒体）的反应，这种反应撼动了当今许多所谓民主国家的政治生活。

奇怪的是，作为影响东欧人对难民反应的因素之一，人口恐慌是最少被讨论的。但这是一个至关重要的问题。近年来，东欧和中欧的民族和国家有一个不幸的惯性，即

---

① Paul Collier, *Exodus: How Migration Is Changing Our World*（Oxford: Oxford University Press, 2015）.

消失。在过去的25年里，大约有10%的保加利亚人离开自己的国家去国外生活和工作。根据联合国的预测，到2050年，保加利亚人口预计将减少27%。在东欧的许多小国中，可以看到对“种族消失”的恐慌。对他们来说，移民的到来标志着他们从历史中退出，而老龄化的欧洲需要移民的流行观点只会强化日益增长的忧虑。当你在电视上看到年迈的当地居民抗议难民在他们人口稀少的村庄定居，那里几十年来没有一个孩子出生，你会为双方都感到心碎，既为难民感到难过，也为那些目睹自己的世界消失的孤独老人而感到难过。一百年后还会有人读保加利亚诗歌吗?

在多数派面临威胁的政治中，民主的想象只是人口统计学上的想象。像上帝一样，民族也是人类抵御死亡观念的盾牌之一。我们希望自己死后能够继续活在我们家人和民族的记忆中。人终有一死，但是孤独无依和有所依靠是不同的。因此，人口结构的想象不仅影响了社会对外国人的敌意，也影响了社会对同性恋婚姻等社会变化的负面反应，这就不足为奇了。大多数前苏东国家的社会通常是非常世俗的，在性生活方面相当宽容。但对许多保守派来说，同性婚姻意味着更少的孩子和人口的进一步减少。对于一个受低出生率和移民困扰的东欧国家来说，支持同性恋文化就意味着支持你自己的消失。

中欧国家要求关闭边境，也是对 1989 年边境开放后该地区移民影响的迟来反应。在一个流行的笑话中，三个保加利亚人穿着日本服装，拿着剑走在索菲亚的街道上，困惑的人们问道："你们是什么人，想干什么？""我们是七武士，我们想让这个国家变得更美好。"有人问他们："可是为什么你们只有三个人呢？"他们回答说："因为只有我们三个人留下来了；其余的都在国外。"官方统计数据显示，2011 年有 210 万保加利亚人生活在国外。对于一个只有 700 多万人口的国家来说，这个比例非常之高。

柏林墙倒塌后，对保加利亚社会来说，开放边境既是一件大好事，也是一件大坏事。沃尔夫·比尔曼（Wolf Biermann）在 20 世纪 70 年代写道："我只能爱我可以自由离开的东西。"① 柏林墙倒塌 25 年后的一项民意调查显示，保加利亚人认为开放边境是这些年最大的成就。

但是大规模的移民，并且主要是年龄在 25 岁到 50 岁之间的人，已经极大地损害了保加利亚的经济和政治。始

① Zero G. Sound, July 29, 2016. https://zerosounds.blogspot.bg/2014/01/wolf-biermann-das-geht-sein.html?m=0.

于 1989 年的剧变已经演变成人口统计学上的反革命。国际货币基金组织估计，如果人口继续以目前的速度外流，中欧、东欧和东南欧将在 2015—2030 年期间损失约 9% 的预期 GDP。该地区的企业不断抱怨缺乏合格的劳动力。东欧卫生系统缺乏训练有素的护士，这些护士宁愿在伦敦照顾一个家庭，也不愿在低工资的当地医院行医。大多数保加利亚的优秀学生甚至不申请保加利亚的大学。在德国，保加利亚人是仅次于中国人的第二大外国学生群体。虽然大多数离开的人都打算回来，但是说起来容易做起来难。早年离开这个国家的人缺乏当地的人脉和对当地现实的了解。他们常常沮丧地发现，他们回来时受到的欢迎没有他们希望的那么热烈。眼不见，心不烦。“出去”这么受欢迎的事实，使得回国成为一个没有吸引力的选择。人们有一种乖张的认识，认为只有“失败者”才会回国。

要想知道为什么近年来保加利亚人倾向于被错误的人统治，我们不得不问，大规模移民是否可能是罪魁祸首。决定离开自己国家的公民几乎不会关心他所离开的这个国家的改革。他感兴趣的是改变自己的生活，而不是别人的生活。2013 年发生在保加利亚的大规模反政府抗议活动很好地反映了开放边界的悖论。街上的抗议者高喊“我们不想移民”，但事实上，他们中的一些人确实想移民，因为去德国比让保加利亚像德国一样运转更容易。一个流行的保加利亚笑话讲道，只有两种有效的方法来应对政治和经济的停滞，一个是 1 号航站楼，另一个是 2 号航站楼（索菲亚国际机场）。

事实证明，开放边境的最大受益者是那些才华横溢的个人移民、糟糕的东欧政客和排外的西欧政党。25 年后，许多东欧人开始重新思考他们的国家从开放制度中真正受益多少。

融合罗姆人[①]的失败也是东欧对移民缺乏同情心的原因之一。东欧人害怕外国人的部分原因是，他们不相信他们的社会和国家拥有融合已经在他们中间的“他者”的能力。罗姆人的故事是当代欧洲最令人不安的故事之一。

在许多东欧国家，罗姆人不仅没有工作，而且无法就业，因为他们很早就辍学，没有掌握 21 世纪就业市场所需的技能。2016 年底，欧盟基本权利署（Agency for Fundamental Rights）在 9 个有大量罗姆人的国家进行了数千次面对面采访之后，发布了一份关于罗姆人状况的报

① 译注：罗姆人，也称为吉普赛人、吉卜赛人、波西米亚人等，为起源于印度北部，散居全世界的流浪民族，长期以占卜、歌舞为职业。

告。[1]所有这些国家都是东欧和南欧国家，其中6个是前苏东国家。欧洲600万罗姆人中的大多数生活在这些国家。调查发现，80%的罗姆人生活在本已很低的贫困线以下，三分之一的人没有自来水，十分之一的人没有电。男性和女性的就业率分别为34%和16%，年龄在16岁到24岁之间的罗姆人中有三分之二既没有工作也没有上学。罗姆人的孩子往往早早就退学了，即使他们不这样做，也可能比非罗姆人的同龄人更容易在低年级留级。此前对欧洲罗姆人的调查也显示了类似的贫困、失业和教育水平低下。民意调查（包括最新的皮尤全球报告对欧洲少数民族的态度）显示，罗姆人在人们心目中的地位不如穆斯林，远不如犹太人。[2]住在吉普赛人周围的普通公民（这意味着，在大多数情况下，他们没有能力搬离罗姆人）甚至更加激烈地指责他们无法被融合，也对融合不感兴趣。

---

① Fundamental Rights Report 2016, European Union Agency for Fundamental Rights. http://fra.europa.eu/en/publication/2016/fundamental-rights-report-2016.

② Pew Research Center, July 2016, "Europeans Fear Wave of Refugees Will Mean More Terrorism, Fewer Jobs," Global Attitude Survey, Spring 2016. http://assets.pewresearch.org/wp-content/uploads/sites/2/2016/07/Pew-Research-Center-EU-Refugees-and-National-Identity-Report-FINAL-July-11-2016.pdf.

难以融合的不同少数民族的经历似乎被混为一谈了。盖洛普的数据显示，在保加利亚，60% 的人认为，让罗姆人融入社会是不可能的，多数人相信，所有的融合政策注定会失败。罗姆人生活在我们中间，但他们永远不会成为我们中的一员。正是融合罗姆人的失败让东欧人认为他们的国家“就是做不到”。在西欧的就业市场上，东欧人和来自亚洲或中东的难民往往会成为竞争对手，这也使东欧人对融合他们的政策心存戒心。在中欧，反罗姆人的情绪促使多数人转而反对人权言论。如果说在西欧，有关人权的争论是关于“我们的权利”，那么在中欧，则是关于“他们的权利”。人权活动人士被指责忽视了多数人的问题，并煽动了一种不健康的受害者地位竞争。

然而，归根结底，是中欧根深蒂固的对一种世界主义思维模式的不信任，将东欧和西欧划分开来。东欧没有殖民历史，因此没有负罪感，但也没有经常伴随殖民遭遇的共同命运。当前对世界主义的憎恨，在很多方面都让我们想起反世界主义运动在 20 世纪上半叶的欧洲取得的成功。一个很好的证明就是，选民越来越渴望支持本土主义政治领导人，这些领导人的主要优势是他们对世界不感兴趣，不会说外语，对外国文化不感兴趣，而且避免访问布鲁塞尔。波兰外交部长维托尔德·瓦什奇科夫斯基（Witold Waszczykowski）代表了很多人的观点，他这样表达了他对欧盟式自由主义的不满，说这种自由主义的特点是“一种文化和种族的新融合，一个由骑自行车的人和素食者组成的世界，他们只使用可再生能源，反对所有宗教”。在他看来，“推动波兰人前进的是传统、历史意识、对国家的爱、对上帝的信仰，以及男女之间正常的家庭生活”①。在冷战后的第一个十年里，欧洲（尤其是欧盟）是深受欢迎的自由主义典范。成为一个正常的国家是东欧社会的梦想。西欧的正常体现在它的繁荣、文明和经济上的成功。三十年后，后现代主义的欧洲被许多东欧人视为文化上的异类。

西欧与东欧在多样性和移民问题上的态度分歧，与西欧社会内部国际化大都市和农村之间的分歧非常相似。这是两个彼此互不信任的世界。值得注意的是，虽然代际差异非常明显，比如在对性少数群体的容忍方面，虽然年轻的东欧人比他们的父母更加开明，但是当涉及移民问题时，代沟就结束了，年轻人和老一辈一样充满敌意。

---

① Henry Foy, “Poland’s New Majoritarians,” *The American Interest* 12 (June 7, 2016). http://www.the-american-interest.com/2016/06/07/ polands-new-majoritarians/.

奥地利裔犹太作家约瑟夫·罗斯在两次世界大战的大部分时间里都在欧洲漫游，躲在豪华酒店的大堂里。对罗斯来说，这样的酒店是旧哈布斯堡帝国的最后残余，是一个失落世界的明信片，一个让他有家的感觉的地方。中欧的一些知识分子确实和罗斯一样怀念帝国的世界主义精神，但中欧的普通公民却不是这样。他们在自己的民族国家里感到自在，不相信那些心在巴黎或伦敦、钱在纽约或塞浦路斯、忠诚于布鲁塞尔的人。用历史学家托尼·朱特（Tony Judt）的话来说："从一开始，东欧人和中欧人的身份就主要是由一系列的否定因素构成的——不是俄罗斯人，不是东正教徒，不是土耳其人，不是德国人，也不是匈牙利人，等等——他们的偏狭性是国家强加给他们的。他们中的精英不得不在对一个域外单位或理念（教会、帝国，或者最近的"欧洲"）的世界性忠诚和狭隘的民族主义和地方利益之间作出选择。"① 做一个世界主义者，同时又要做一个"优秀的波兰人""优秀的捷克人"或"优秀的保加利亚人"是不可能的。颇有启发意义的是，虽然教皇方济各（Pope Francis）呼吁接纳叙利亚难民住在自己的房子里时，

---

① Tony Judt, *A Grand Illusion?: An Essay on Europe* (New York: NYU Press, 2011), 57.

匈牙利和波兰的天主教主教们却表达了与政府同样的反难民情绪。

正是这种历史上根深蒂固的对任何世界性事物的怀疑，在一定程度上解释了中欧在涉及难民危机时的敏感。

在许多方面，中欧和东欧民粹主义政府的态度与欧洲第二代移民对其东道国的行为和态度相似。在第一代中欧领导人中，像瓦茨拉夫·哈维尔（Vaclav Havel）这样的政治家把融入欧盟当作他们毕生的事业，并试图证明中欧人可以比西欧人更欧洲化。但新一代领导人承受着持续不断的要接受欧洲规范和制度的压力，他们将其视为一种耻辱，并围绕反对布鲁塞尔的国家认同理念，建立他们的合法性。

难民危机引发的东西方分歧的吊诡之处在于，我们正在目睹一种态度的趋同，即曾经对难民友好的德国人开始变得像仇外的匈牙利人。此外，一年前许多德国人亲自欢迎难民，这一事实使他们在道德上更容易反对外国人今天出现在他们的国家。但是，态度的趋同并没有给欧洲大陆带来更多的凝聚力。这种趋同的悖论在于，政治的重新国有化使东欧人比以往任何时候都更像西欧的外国人。在英国脱欧之后，英国对东欧人的攻击激增。现在，在整个欧洲大陆都能察觉到对其他欧洲人日益增长的敌意，我在维也纳认识的一位餐厅老板最近就意识到了这一点。作为塞尔维亚人，他对来自中东的难民充满敌意，并喜欢讽刺奥地利人欢迎这些难民的举动太幼稚。但当奥地利人的态度发生改变时，他惊讶地发现，许多当地人不再光顾他的餐馆了，因为他们听到他说塞尔维亚语。

难民危机是衡量欧盟生存前景的关键，同时加强了国家的团结意识，并侵蚀了宪政爱国主义在整个欧盟的机会。因此，这场危机是欧洲一体化政治动态的一个转折点。这标志着一个时刻的到来，即欧洲对民主的要求已转变为捍卫本国政治共同体的呼吁，因此是对排斥而非包容的要求。它还创造了这样一种动力，欧洲一体化方案不再被视为自由主义的表达，而是对其防御狭隘主义的一种酸楚表达。

第二章

他们人民

欧洲最著名的公共知识分子之一、英国历史学家蒂莫西·加顿·艾什（Timothy Garton Ash）写道：

> 要是我在 2005 年 1 月被低温冷冻起来，我会作为一个快乐的欧洲人进入休眠。随着欧盟的扩大，我的中欧朋友们 1989 年“重返欧洲”的梦想正在实现。欧盟成员国已就一项宪法条约达成一致，大致称为《欧洲宪法》……可以从欧洲大陆的一端到另一端毫无障碍地旅行，在遵守《申根协定》的国家组成的不断扩大的区域内没有边境控制，口袋里装着一种可以在整个欧元区使用的单一货币，这是一件令人惊叹的事情。
>
> 仿佛古老黑暗的宫殿重新打开了窗户，马德里、

华沙、雅典、里斯本和都柏林都沐浴在阳光里。欧洲的外围国家显然正在与欧洲大陆的历史核心——德国、比荷卢三国、法国和意大利北部——汇合。西班牙、希腊、波兰和葡萄牙的年轻人乐观地谈论着“欧洲”给他们带来的新机会。即使是出了名的对欧洲持怀疑态度的英国，在首相托尼·布莱尔的领导下，也在拥抱自己在欧洲的未来。然后，乌克兰爆发了公开支持欧洲的橙色革命……

如果在2017年1月进行低温复活，我可能会立即再次休克而死。眼下，我放眼望去，到处都是危机和崩溃：欧元区长期运转不良，阳光灿烂的雅典陷入悲惨境地，拥有博士学位的西班牙年轻人沦落到在伦敦或柏林当服务员，葡萄牙朋友的孩子在巴西和安哥拉找工作，欧洲外围国家正在脱离其核心国家。没有欧洲宪法，因为2005年晚些时候，法国和荷兰的公投否决了这一法案，而英国脱欧可能会在1989年30周年之际剥夺我的欧洲公民身份。①

---

① Timothy Garton Ash, “Is Europe Disintegrating?,” *The New York Review of Books*, January 19, 2017.

这就是亲欧盟的欧洲人如今的感受。

在 20 世纪的欧洲，不民主的帝国在臣民带来的民主压力下分崩离析。民主派摧毁了帝国，而自由派试图拯救和改革帝国。1848 年，自由主义者和民族主义者是哈布斯堡帝国内部的盟友，他们共同反对威权主义（但不是特定种族的）中央，并因此而团结在一起。到 1918 年，他们已经成为彼此不共戴天的仇敌。1848 年，民主派（他们中的大多数也是民族主义者）和自由主义者都坚持认为应该由人民来决定。1918 年，自由主义者对大众民主的前景感到紧张，而民主主义者则厌恶由未经选举产生的自由精英统治的想法。世界主义的自由主义者和民族主义的民主主义者之间的冲突以民族主义者的胜利和奥匈帝国的灭亡而告终。

欧盟不同于哈布斯堡帝国，它是一个“民主帝国”，一个民主国家自愿组成的准联邦，在这个联邦中，公民的权利和自由得到保障，并且只有民主国家才能加入。尽管存在这些差异，但民主问题再次成为欧洲问题的核心。如果说在哈布斯堡王朝那里，民众迷恋于民主，那么在今天的欧盟，他们的幻想破灭了。当前欧洲的普遍情绪可以总结如下：“许多人之所以会对民主持怀疑态度，原因之一是这样做是正确的。”2012 年“欧洲的未来”调查显示，只有三分之一的欧洲人认为自己的选票在欧盟层面上很重要，只有区区 18% 的意大利人和 15% 的希腊人认为自己的选票在自己的国家也很重要。①

根据最近的一项调查，在过去 50 年里，民主在全球传播的吊诡影响是，在北美和西欧一些被认为很稳固的民主国家，民众对他们的政治领导人越来越持批评态度。② 但这还不是全部。他们也越来越怀疑民主作为一种政治制度的价值，对自己的行为对公共政策的影响更没有信心，而且更愿意表达对威权主义替代方案的支持。该研究还显示，“年轻一代不太重视民主的重要性”，他们“参与政治的可能性也更小”③。

从目前不妥协的立场来看，只要欧盟成员国仍保持完全民主，就不可能建立一个能够以共同财政政策支持欧元的政治联盟。他们的公民是不会支持的。然而，共同货币的解体可能会导致欧盟的分裂，最终结果之一是，威权主

---

① *Special Eurobarometer 379*, 2012, http://ec.europa.eu/public_opinion/archives/ebs/ebs_379_en.pdf.

② Roberto Stefan Foa and Yascha Mounk, “The Democratic Disconnect,” *Journal of Democracy* 27, no.3（July 2016）: 5—17, 7

③ Ibid., 10.

义可能会在欧盟周边地区抬头。与以往任何时期不同，“更紧密的联盟”和“更深入的民主”的目标是相互矛盾的。

民粹主义的幽灵

2006 年 6 月，当斯洛伐克人罗伯特·菲佐赢得多数选票，并与扬·斯洛塔（Jan Slota）领导的极端民族主义的斯洛伐克民族党（Slovak National Party）组成联合政府时，斯洛伐克宪法法院宣布，一名斯洛伐克公民要求法院宣布选举无效。这位公民坚称，共和国没有建立一个“正常”的选举制度，因此侵犯了公民被明智治理的宪法权利。在他看来，一个可能导致像新斯洛伐克政府这样的混杂联盟的选举制度不可能是“正常的”。

这位孤独的斯洛伐克上诉者还是有点道理的。被明智治理的权利可能与公民的投票权相矛盾。这就是自由主义者总是对民主感到焦虑的原因。事实上，熟悉 19 世纪颇具影响力的法国自由主义历史学家弗朗索瓦·基佐（Francois Guizot）作品的人可能会怀疑，这位要求宪法法院做出答复的斯洛伐克公民就是他的化身。许多欧洲自由主义者担心，民主治理可能会对欧洲一体化方案造成破坏性影响。对他们来说，乔治·奥威尔的话可谓一针见血：“舆论并非天生明智，正如人类并非天生善良。”[①]

从欧洲领导人对希腊这个金融危机最大受害者的反应中，可以看出当前担忧的最清晰表达。无法持续地支撑一个没有竞争力的经济，同时保持高额的社会支出和令人震惊的腐败，希腊是一场完美风暴的受害者。这其实是一场飓风。在危机前的十年里，欧盟员工的人均工资增长了30%，但在希腊，这一数字飙升了85%。在公共部门的工资方面，情况更糟：欧盟的工资增长了40%，但希腊的工资涨幅高达117%，令人震惊。到2011年夏天，很明显，欧盟是希腊避免破产、继续留在欧元区的唯一希望。但外部支持的代价是财政紧缩方案，无论是在政治方面，还是在人的方面，这个代价都是高昂的。2011年10月31日，希腊总理乔治·帕潘德里欧（George Papandreou）宣布就欧盟、欧洲央行和国际货币基金组织提出的救助方案举行全民公投。他要求国人支持债权国要求的改革措施。这是留在欧元区的代价。

但全民公投并没有发生。在宣布这一计划三天后，在

---

① David Remnick, “An American Tragedy,” *The New Yorker*, November 9, 2016, http://www.newyorker.com/news/news-desk/an-american-tragedy-2.

柏林和布鲁塞尔做出强烈反应后，希腊政府搁置了这一想法，转而在议会进行了改革投票。这是“民主受挫”一个清晰而痛苦的例子。西欧领导人确信，当公投结果会影响欧元的命运时，希腊公民不应被允许有发言权，因为欧元属于欧元区所有成员国。说得更严厉些，许多人认为，让债务国就债权国提出的条款进行投票的建议是荒谬的。不出所料的是，帕潘德里欧的社会党不仅在下次选举中失利，而且作为一股更普遍的希腊政治力量迅速衰落。欧盟成员国分裂成债权国和债务国，这成为欧元危机最具破坏性的结果之一。

几年后，在亚历克西斯·齐普拉斯（Alexis Tsipras）及其激进左翼联盟党（Syriza Party）的倡议下，第二次出现了公投的想法。这一次，我们可以称之为“被阉割的民主”。事实上，希腊人在2015年7月5日举行了投票——绝大多数人拒绝了（正如齐普拉斯政府所希望的那样）国际货币基金组织、欧洲央行和欧盟委员会这三方提出的新的第三次救助条款。但这种对债权国的英勇抵抗只持续了不到一周。到下周一，齐普拉斯不得不接受更为严厉的救助方案，同意实施他前不久还认为是“犯罪”的政策。

希腊危机的暂时解决在一个基本问题上具有启发意义。为了让欧洲共同货币继续存在下去，必须剥夺债务国选民改变经济政策的权利，尽管他们仍有能力改变政府。这是一种最有力的重申：这场危机强化了欧盟的管理模式，即布鲁塞尔的政策没有政治，国家层面的政治没有政策。鉴于所发生的一切，很明显，齐普拉斯和亚尼斯·瓦鲁法克斯（Yanis Varoufakis，2016 年 7 月之前一直担任希腊财长）反对的与其说是债权国提出的政策，还不如说是他们要为接受这些政策负责。希腊这个福利国家变成了战争国家。政府无法重新分配财富，所以它加班加点地工作来重新分配指责。

在处理来自雅典的叛乱时，欧洲领导人面临着严峻的选择。它们要么允许希腊违约，从而将共同货币置于风险之中，摧毁希腊经济，并发出这样的信息：在一个由债权国和债务国组成的政治联盟中，没有团结的余地。要么按照齐普拉斯的条件拯救希腊，从而发出政治敲诈奏效的信号，激励整个欧洲大陆的民粹主义政党。

面对这种两难境地，欧洲领导人找到了第三种选择：以严苛的条件拯救希腊，让其他的民粹主义政府都不愿意效仿。现在齐普拉斯就是一个活生生的例证，表明除了欧盟的经济政策，别无选择。

该协议的直接影响在意料之中：市场稳定下来，希腊人感到沮丧，德国人仍然持怀疑态度。但是，经济理性对选民意愿的胜利是否有助于欧盟的生存？结果远没有这么明朗。

对许多人来说，欧盟的“民主”很快成为公民政治无能的代名词。布鲁塞尔不再是一个欧洲共同家园的象征，而是成为市场不受限制的力量和全球化破坏性力量的代表。

希腊人可能对未能抵挡市场的诅咒感到绝望，但他们的南欧邻国意大利人却准备庆祝他们的失败。2011 年秋天，西尔维奥·贝卢斯科尼（Silvio Berlusconi）作为意大利总理的最后一件事是开车穿过一群抗议者，他们一直用“小丑”和“耻辱”等绰号来嘲笑他。

当这位 75 岁的寡头和媒体大亨会见意大利总统并递交辞呈时，总统府外的街道上挤满了示威者，他们挥舞着意大利国旗，打开香槟瓶塞，呼喊着口号。在一个角落里，一个唱诗班在即兴乐队的伴奏下演唱了莱昂纳德·科恩（Leonard Cohen）的《哈利路亚》（*Hallelujah*）。在街对面，庆祝者排成了康加舞的队伍。汽车在鸣笛，行人在歌唱，好一番革命时刻的景象。

但事实远非如此。贝卢斯科尼的倒台很难说是经典意义上“人民力量”的胜利。相反，这是金融市场力量一次毫不含糊的胜利。将贝卢斯科尼腐败无能的小集团赶下台的，不是选民的意愿，而是金融市场和布鲁塞尔的高层以及法兰克福的欧洲央行领导层的联合，所有这些都传递了一个决定性的信息：“贝卢斯科尼必须下台。”也正是他们，选择了前欧盟委员马里奥·蒙蒂（Mario Monti）作为贝卢斯科尼的继任者，他是一位“技术官僚”(因此不是“政客”)。罗马街头的人们完全有理由感到欣喜若狂，但同时感到无能为力。贝卢斯科尼或许已经离开，但选民已不再是深陷危机的意大利最有权势的人物。公众庆祝贝卢斯科尼政权的终结，就像1796年意大利人热情欢迎拿破仑的胜利军队一样。街上的人们不是历史的代理人，而是历史的旁观者。

对希腊来说，布鲁塞尔成了傲慢的精英阶层的象征，他们把危机的代价转嫁给软弱无力、毫无防备的希腊人民。对意大利来说，至少在一段时间内，布鲁塞尔是民众推翻不受欢迎的总理、打破他创建的寡头政权的唯一希望。欧盟合法性丧失的核心是这样一个事实，随着欧盟危机的加剧，布鲁塞尔作为人民反对腐败的国家精英的盟友的作用逐渐减弱。意大利人把改善命运的希望转向了贝佩·格里洛（Beppe Grillo）领导的五星运动（Five Star Movement）等民粹主义欧洲怀疑主义政党。就像当年法国大革命激发的意大利民族主义转而反对拿破仑，同样，那些庆祝贝卢斯科尼政府下台的意大利人今天把选票投给了反欧盟的政党。

哈佛大学的政治经济学家丹尼·罗德里克（Dani Rodrik）在《全球化的悖论》(*The Globalization Paradox*)一书中提出，我们有三种选择来处理国家民主与全球化之间的紧张关系。[①] 我们可以为了在国际市场上获得竞争力而限制民主，可以为了在国内建立民主合法性而限制全球化，也可以以牺牲国家主权为代价实行民主全球化。罗德里克明确指出，我们不能同时拥有超级全球化(hyperglobalization)、民主和自决，但这正是大多数政府想要的。他们希望人民有选举权，但还没有准备好接受那些支持民粹主义政策的选票。他们希望能够降低劳动力成本，无视社会抗议，同时又拒绝进入公开支持威权主义政治强人的浑水。他们支持自由贸易和相互依赖，但又希望

① Dani Rodrik, *The Globalization Paradox: Democracy and the Future of the World Economy* (New York: W. W. Norton, 2012).

确保在必要的时候（在像现在这样的危机时刻）能够恢复国家对经济的控制。政治精英们并没有在主权民主、全球化民主或支持全球化的威权主义之间作出选择，而是试图重新定义民主和主权，以使不可能成为可能。这样是行不通的，结果只能是没有选择的民主，没有意义的主权，没有合法性的全球化。

在全球金融危机之后，此前民主政府和威权政府之间的竞争已经演变成两种不同形式的声明之间的竞争，一种是“没有替代政治”，但是在民主的欧洲，除了紧缩之外，“没有其他政策选择”这一事实已成为当今的口头禅。诚然，选民可以改变政府，但他们无权改变经济政策。通过将许多宏观经济决策（例如，预算赤字、公共债务水平）宪法化，布鲁塞尔实际上已将它们从选举政治中解脱出来。

在俄罗斯和有些国家，“别无选择”的话语意味着不可能撤换他们的现任领导人。统治精英可以更灵活地尝试不同的经济政策，但挑战当权者的可能性被排除在外。人们不允许选出“错误的”领导人，因此，为了“良好的治理”，选举要么被控制、被操纵，要么被禁止。

要想评估民主在当前欧洲危机中的作用，我们需要承认，推动公众情绪的不是民主渴望，而是民主混乱。这让那些分析欧洲政治危机的人陷入了一个陷阱。就像沃尔特·白芝浩（Walter Bagehot）曾经指出的那样："这是一个大多数人可以理解的政府，而他们几乎不理解世界上任何其他地方的其他政府。"① 在某种程度上，一个多世纪前适用于君主制的东西现在也适用于民主，但人们越来越担心民主根本不起作用。

为了衡量对民主的不满（通常表现为对另一种民主的要求）将如何影响欧盟的生存机会，我们必须弄清楚三个悖论。首先，为什么中欧选民——民意调查告诉我们，他们是欧洲大陆最亲欧的选民之一——准备让公开厌恶法院、央行和媒体等独立机构的反欧盟政党上台？我称之为"中欧悖论"。其次，对西欧年轻一代的政治动员——根据民意调查，他们比年长选民更加开明，对欧盟更友好——为什么没有导致全欧范围的亲欧盟民粹主义运动的出现？我称之为"西欧悖论"。第三，为什么欧洲人对布鲁塞尔那些最贤能的精英如此不满？我称之为"布鲁塞尔悖论"。

---

① Walter Bagehot, *The English Constitution*, 2nd ed.（1873），61.

中欧悖论

在过去十年中，欧洲一体化被广泛理解为保证中欧的前苏东国家的变革不可逆转的主要因素。就像欧洲的福利国家为社会中最弱势的成员提供了安全网一样，人们一直相信，欧盟是自己为东欧国家提供的安全网。欧盟制定了同侪压力和胡萝卜加大棒政策的体制机制，这些机制有能力防止新成员出现民主化倒退。然而，这个伟大的期望被证明是错误的。匈牙利的维克托·欧尔班和波兰的雅罗斯瓦夫·卡钦斯基在选举中获胜，以及中欧多数国家的“反自由主义转向”(illiberal turn)，迫使许多评论人士改变了他们对中欧民主巩固进程的“布鲁塞尔效应”(Brussels effect) 的看法。

在政治科学家詹姆斯·道森（James Dawson）和肖恩·汉利（Sean Hanley）看来，将民主化进程与欧洲一体化进程结合起来，导致了东欧那些只能同安乐不能共患难的民主国家的出现，这些国家的政治精英并非真正服膺自由主义价值观。① 更重要的是，欧盟的安全网作用虽然

---

① James Dawson and Sean Hanley, “Has Liberalism Gone Missing in East Central Europe, or Has It Always Been Absent?,” *Open Democracy*, October 5, 2015.

减少了冒险行为（防止各国推行不负责任的政策），却刺激选民支持不负责任的政党和领导人，以此来表达他们的失望和愤怒。如果波兰人知道一旦卡钦斯基太过分了，布鲁塞尔会驯服他，他们为什么还要害怕他呢？矛盾的是，欧洲化和民主化的结合把中欧变成了民主反自由主义的典型。匈牙利总理维克托·欧尔班曾经很有预见性地指出："民主并不一定是自由的。即使某些东西不是自由的，但它仍然可以是民主的。"他坚称："人们可以（也确实应该）说，在未来几年，以自由原则来组织国家的社会可能无法维持其全球竞争力，相反，他们更有可能会遭遇挫折，除非他们成功地进行实质性的改革。"[①] 在这种背景下，中欧滑向反自由主义并非意外，而是一种选择。为了理解这种选择，首先有必要弄清是什么让中欧国家对自由民主如此紧张。

不同国家的"民粹主义转向"各不相同，但我们仍然可以找到共性。民粹主义情绪的抬头标志着政治两极化和更具对抗性的政治风格的回归。这也是一种更个性化的政

① Viktor Orbán's speech at Băile Tuşnad (Tusnádfürdő) of 26 July 2014, http://budapestbeacon.com/public-policy/full-text-of-viktor-orbans-speech-at-baile-tusnad-tusnadfurdo-of-26-july-2014/10592.

治的回归，在这种政治中，政治领导人扮演着巨大的角色，而机构往往不受信任。左右翼之间的分歧正在被国际主义者和本土主义者之间的冲突所取代，而这种冲突所引发的恐惧的爆发标志着民主和自由主义之间的严重疏远。但是，民粹主义的主要特征不是对精英主义的敌意，而是对多元主义的敌意。正如扬·维尔纳-米勒（Jan Werner-Müller）在《什么是民粹主义?》（*What Is Populism?*）一书中指出的那样，“民粹主义者声称，他们而且只有他们才能代表人民……独家代表的主张不是经验主义的，它总是具有明显的道德性”①。民粹主义者并不声称他们代表所有波兰人、法国人或匈牙利人，但他们坚称自己代表所有“真正的波兰人”“真正的法国人”和“真正的匈牙利人”。民粹主义政党在选举中的成功将民主从一种包容的工具转变为一种排斥的工具。

新的民粹主义多数派认为，选举不是在政策选项中作出选择的机会，而是对享有特权的少数群体的反抗，在欧洲，是对精英和移民这个集体意义上的“他者”的反抗。在民粹主义政党的言论中，精英和移民是狼狈为奸的孪生

① Jan-Werner Müller, *What Is Populism?*（Philadelphia: University of Pennsylvania Press, 2016）, 3.

兄弟，两者都不像“我们”，都从诚实的大多数人那里偷窃和掠夺，都不缴纳应该缴纳的税款，都对当地的传统漠不关心或怀有敌意。

公众对政客的不信任根深蒂固，但令人困惑的是，为什么人们还是愿意选择那些渴望解除政府权力限制的政党。解开这个谜团，有助于我们理解中欧悖论。

匈牙利和波兰的民粹主义政府决定控制各自的宪法法院，抑制中央银行的独立性，并向独立媒体和公民社会组织宣战，对于那些不信任本国政客的人来说，这应该引起警惕。但出乎意料的是，绝大多数匈牙利人和相当数量的波兰人并不关心政府将权力集中在国家行政部门手中的决定。三权分立的原则是如何失去其吸引力的？是因为人们无法区分他们对自由媒体或独立法庭的支持与对无视真相的媒体或腐败和低效的法官的谴责吗？是不是在公众看来，三权分立不是对官员问责的一种方式，而是精英们藏在袖子里的另一种把戏？

自由民主的真正吸引力在于，它不仅捍卫财产权和政治上占多数的人的执政权利，而且捍卫少数人的权利，确保那些在选举中失败的人可以在下次选举中重新参加竞争，而不是被胜利者没收财产并被迫逃离、流亡或躲到地下。

对于这种安排，一个很少被注意到的缺点是，自由民主没有赋予胜利者获得全面和最终胜利的机会。在前民主时代，换句话说，在人类历史的大部分时间里，争端不是通过和平的辩论和有序的权力交接来解决的，而是通过暴力来解决的。获胜的侵略者或在内战中获胜的一方让他们被征服的敌人听凭自己的摆布，想怎么处置就怎么处置。在自由民主制度下，“征服者”不会得到这样的满足。自由民主的悖论在于，公民更自由了，但他们却感到很无力。对真正胜利的要求是民粹主义政党魅力的关键因素。“我们的国家正处于严重的麻烦中，”这是特朗普在竞选集会上反复说的一句话，“我们再也没有胜利了。我们曾经有过胜利，但现在没有了。例如，上一次我们在贸易协议中打败中国是什么时候？”①

民粹主义政党的吸引力在于，他们承诺会取得明确的胜利。他们吸引了这样一些人，这些人认为三权分立（这一制度也许是最受自由派欢迎的）不是为了对当权者问责，

---

① Philip Bump, “Donald Trump’s Spectacular, Unending, Utterly Baffling, Often-Wrong Campaign Launch,” *The Washington Post*, June 16, 2015. https://www.washingtonpost.com/news/the-fix/wp/2015/06/16/donald-trumps-spectacular-unending-utterly-baffling-often-wrong-campaign-announcement/?utm_term=.aac10285ae5b.

而是为了让精英们逃避他们的选举承诺。当权的民粹主义者的特点是他们不断试图废除制衡制度，并将法院、中央银行、媒体和公民社会组织等独立机构置于他们的控制之下。

民粹主义和激进政党不仅仅是政党，他们还是宪法运动。他们向选民承诺了自由民主所不能提供的东西：一种胜利的感觉，让多数人——不仅仅是政治上的多数人，还有种族和宗教上的多数人——可以随心所欲。

这些政党的崛起标志着，受到威胁的多数派作为欧洲政治力量正在爆发。他们将对自己生活失去控制（不管是真实的还是想象中的）归咎于具有世界主义意识的精英阶层和具有部落意识的移民之间的阴谋。他们指责自由主义思想和制度削弱了国家意志，削弱了国家团结。他们倾向于将妥协视为腐败，将热忱视为信念。

让焦虑的大多数人最愤怒的是，尽管他们认为自己有权执政（毕竟他们是多数人），但他们永远不可能拥有最终决定权。因此，他们总是倾向于将自己的挫折归咎于三权分立和自由民主的其他制约性原则，愿意支持像波兰的法律与公正党或匈牙利的青年民主联盟这样违背这些原则的政党。

但是，民粹主义者不仅反对自由民主制度，也反对将政治理解为对利益的理性计算。阴谋论的盛行，以及对声称“公平公正”的主流媒体日益增长的不信任，是中欧民粹主义时刻的典型特征之一。许多分析人士倾向于用通讯技术的根本性变化来解释这一现象，并将普遍存在的不信任文化归咎于社交媒体。但是，“Facebook 效应”并不能解释一切。

2007 年，由雅罗斯瓦夫·卡钦斯基领导的法律与公正党第一届政府下台，波兰富有传奇色彩的电影导演安杰依·瓦伊达（Andrzej Wajda）发行了他的史诗级大片《卡廷惨案》。这部长达两个小时的电影讲述了数千名波兰战俘被害的故事，这些战俘主要是军官和专业阶层的平民。

对于这场悲剧，战后波兰政府宣传的官方版本是，纳粹对这次处决负有责任。但有些波兰人从来就不接受这个谎言。影片的主要人物之一阿格涅斯卡（Agnieszka）试图为她被谋杀的哥哥立一块大理石墓碑，上面只写着他的真实死亡日期——1940 年。她因为传播阴谋论而受到迫害，但她知道自己传播的是真相。

当雅罗斯瓦夫·卡钦斯基担任再次执政的法律与

公正党领导人时，他在2015年12月的一次演讲中宣布，他计划在华沙总统府树立一个纪念碑，纪念他的孪生哥哥。2010年，他的孪生哥哥莱赫·卡钦斯基（Lech Kaczyński）乘坐的飞机在俄罗斯西部的斯摩伦斯克军事机场降落时坠毁，与其他95名波兰精英一起遇难。历史总是如此离奇，他们当时正在前往参加卡廷惨案70周年纪念活动。坠机事件以后，雅罗斯瓦夫·卡钦斯基投入了大量的时间和精力，试图证明这不是一起事故，而是俄罗斯人犯下的罪行，而当时执政的公民纲领党（Civic Platform Party）出于政治或地缘政治原因掩盖了真相。

两个纪念碑之间的相似之处显而易见，但是这个类比并不那么简单。档案在20世纪90年代的开放让人们确信存在“卡廷惨案”。然而，2010年4月10日那架波兰飞机在斯摩棱斯克坠毁的事件却很难重构。尽管如此，法律与公正党的怀疑基本上没有可信的证据支持，这种怀疑是：坠机是俄罗斯人组织的暗杀，或者俄罗斯空中管制人员应该为这场灾难负责。在瓦伊达的电影中，阿格涅斯卡试图建造一座真理的纪念碑，而卡钦斯基提议的纪念碑则截然不同，它是对阴谋论的致敬。

在过去的五年里，卡钦斯基对斯摩棱斯克坠机事件真相的探究，以及对其兄长遗产的颂扬，一直是法律与公正党政治战略的核心。他经常亲自参加每月10号在华沙举行的纪念坠机遇难者的游行，以此来动员对其政党的支持，而波兰人来也似乎越来越愿意接受他的说法。如果说五年前大多数波兰人拒绝接受卡钦斯基对这一事件的解释，甚至赞同俄罗斯对这场悲剧的处理，今天三分之一的波兰人则会指责莫斯科。根据2016年的一项民意调查，是否相信事件真相被掩盖是一个人是否支持卡钦斯基最有力的预测因素。

波兰人并不是唯一在缺乏证据的情况下认为政府掩盖真相的人。根据民意调查，在不同的中东国家，有一半到四分之三的人怀疑2001年9月11日被劫持的飞机是由阿拉伯人驾驶的；十分之四的俄罗斯人认为美国人伪造了登月；一半的美国人认为他们的政府可能在隐瞒谁是“九一一”袭击的幕后黑手。[①] 只要有可疑的死亡和有权势的人，各种阴谋论就会层出不穷。学者们倾向于认为，这些理论在重大社会变革时期最受欢迎，它们代表了在一个复杂而混乱的世界中对秩序的渴望。数十份“证明”斯摩棱斯克

① Rob Brotherton, *Suspicious Minds: Why We Believe Conspiracy Theories* (London: Bloomsbury, 2015), 6.

坠机并非偶然事件的报告就是这方面的经典之作[①]：脚注一丝不苟，就像一篇博士论文，并建立在惊人的概括和翔实的细节之上。前者如“只要国家元首死于飞机失事，总是会涉及阴谋”[②]，后者如在坠机现场发现的一万个小碎片被认为是爆炸的证据。[③]

但是，今天在波兰发生的事情揭示了更多：在某些情况下，对某一特定阴谋论的共同信仰如何能够发挥以前只属于宗教、种族或清晰表达的意识形态的作用。它可以成为一种政治认同的标志。这有助于解释为什么斯摩棱斯克阴谋论在法律与公正党内部已经成为一种准意识形态。“暗杀假说”巩固了某种“我们”意识，我们这些不相信政府谎言的人，我们这些了解世界真实运作方式的人。斯摩棱斯克阴谋论对于卡钦斯基重新掌权至关重要，因为它利用

① Smolensk Crash News Digest is focused on issues surrounding the April 10, 2010 crash of Polish government Tupolev Tu-154M, near Smolensk, Russia. http://www.smolenskcrashnews.com/.

② Maria Szonert Binienda, “Smoleńsk Maze: Crash of the Polish Air Force One, Smoleńsk, Russia, April 10, 2010,” Status Report 2014, Libra Institute (Cleveland: Libra Institute, 2014), 3. http://www.smolenskcrashnews.com/pdf/2014_Report/2014_Smolensk_Status_Report.pdf.

③ Ibid., 21.

了波兰人民对任何事件官方版本强烈的不信任，也因为它符合他们作为历史受害者的自我形象。但阴谋论的兴起凸显了欧盟设计的民主政治另一个主要弱点——未能建立政治认同。

十年前，英国民意调查机构 YouGov 对一群政治迷和一群积极参加《老大哥》真人秀的年轻人进行了一项比较研究。① 这项研究令人沮丧的发现是，英国公民觉得在这个节目里能得到更好的代表。他们更容易认同这个节目中的角色和观点。他们发现它更开放，更透明，更能代表像他们一样的人。真人秀模式让他们觉得自己被赋予了权力，民主选举本应该让他们产生同样的感觉，但实际上并没有。民粹主义政党提出的政治认同与真人秀建构的认同并没有太大不同。两者都主要关注对类似的世界体验的肯定，而不是利益的代表。

因此，民粹主义从欧盟的退缩相当于在单个欧洲国家内部重新确立更狭隘、但在文化上更深层的身份认同。这一运动正在推动欧洲政治走向不那么包容、也可能不那么自由的政治共同体定义。自法国大革命以来形成的欧洲政

---

① "Big Brother Gives Politics Lesson," *BBC News*, June 3, 2003. http://news.bbc.co.uk/2/hi/uk_news/politics/2956336.stm.

治格局中尖锐的左右翼之分正在逐渐模糊。随着20世纪二三十年代以来鲜为人知的右翼民粹主义的崛起，工人阶级现在很容易被坚决反对自由主义的领导人所吸引。受到威胁的多数派——那些拥有一切，因此害怕一切的人——已经成为欧洲政治的主要力量。新兴的反自由主义政治共识并不局限于右翼激进主义，还包括欧洲主流本身的转变。威胁欧洲的不是极端分子的言论，真正的威胁是主流领导人不再主张多样性对欧洲有利。

今天，受到威胁的多数人表达了一种真实的恐惧，即他们正在成为全球化的失败者。全球化可能促成了大量中产阶级在发达国家之外的崛起，但它正在侵蚀二战后欧洲中产阶级社会的经济和政治基础。从这个意义上说，新民粹主义代表的不是今天的失败者，而是明天的潜在失败者。

反自由主义在亲欧盟的中欧地区崛起，这有助于我们认识到，多数欧盟成员国中亲欧盟的多数派的存在，并不是万无一失的防止欧盟解体的堡垒。此外，民粹主义政党的崛起之所以会对欧洲一体化方案的存续造成危险，不是因为他们的欧洲怀疑主义（事实上，他们中的一些人几乎毫不怀疑），而是因为他们对作为欧盟建立基础的宪政自由主义原则和制度的反对。

西欧悖论

只要打开“欧洲共和国”的网站，你就可以自下而上地看到新的世界主义革命可能会是什么样子。革命者认为，人们想要的是欧洲，而不是现在的欧盟。在他们看来，家与护照上印的国籍没有什么关系，而是完全与一个人目前居住的地方有关。因此，国家本身就是一个真正团结的欧洲的主要障碍。

这个网站由魅力超凡的德国政治学家乌尔丽克·盖罗（Ulrike Guerot）创办，是众多试图创建一个既反现状又亲欧盟的政治平台的尝试之一。这并不是旧联邦主义者梦想的新版本，而是把欧盟想象成一个民主国家，而不是一个由傀儡大师操纵的技术官僚国家。欧洲共和派的希望是动员亲欧洲青年的政治能量，发动一场泛欧洲运动。但是，这样一个致力于动员具有世界主义思想的欧洲年轻人的概念，在今天几乎不可能产生太大的政治影响。

为什么公共生活的民主化和日益国际化的年轻一代的出现未能转化为对欧洲的支持，这是西欧悖论的核心所在。只要看一下英国脱欧投票，就可以看出年龄和受教育程度是决定人们如何投票的主要因素。年轻一代和受过良好教育的人是支持“留欧”的核心选民。2008 年金融危机之后，年轻人通过社交媒体和其他媒体被政治化和赋权，这一点变得很明显。在大多数欧洲国家的首都，反对布鲁塞尔支持的紧缩政策的政治抗议是家常便饭。现在的年轻一代说着外语，他们珍视在欧盟任何地方生活和工作的自由，并准备为公平和正义而战。这也是由社交媒体驱动的网络化一代。了解了这一代人的意识形态构成和政治潜力，人们自然会期待一场泛欧洲运动的出现，它将使一个由精英组成的欧洲与一个由公民组成的欧洲相对峙。那么，为什么这样的运动从来没有发生呢?

要想理解相互联系的一代在跨越国界、建立有效的政治运动以支持更强大的欧盟方面的失败，社交媒体政治领域最具洞察力的分析师之一泽伊内普·图费克奇（Zeynep Tufekci）的发现值得我们反思。图费克奇最近在麻省理工学院的媒体实验室用一张珠穆朗玛峰峰顶下“希拉里台阶”的照片作为讲座的开场。拍照那天山上有四个人遇难了，这张照片显示了珠峰的拥挤，对于登山者们来说，这是很危险的，因为他们不得不等待其他人完成攀登，在狭窄的小径上才会有空位。

由于有了新技术和夏尔巴人的帮助，越来越多的非登山专家涌向珠穆朗玛峰。提供全套服务的旅行（只要65 000美元）可以让你到达大本营，并完成大部分的登山旅程。但是导游仍然不能为人们登顶做好充分的准备。人们提议在海拔近9 000米的“希拉里台阶”上安装一个梯子，以降低危险。但根本问题不在于没有梯子，而是在这么高的海拔徒步旅行是异常困难的。登山界提出了一个合理的解决方案：要求人们在攀登珠穆朗玛峰之前先攀登另外7座高峰。

这就是图费克奇对互联网激进主义的类比。在讨论互联网和集体行动时，政治评论员通常关注的是增加的协调和团队建设的机会。但在图费克奇看来，互联网的奇迹也是建立有效政治运动的祸根。和缺乏经验的登山者在没有充分适应高海拔环境的情况下到达大本营一样，社会运动表明互联网的一些好处可能会有显著的副作用。结果是，我们看到越来越多的运动因为过早地引起了公众的注意而没能产生影响，或者无法持久。她认为，运动会止步于说“不”的，因为它们从不需要培养代表的能力，只能围绕消极因素联合起来，而不是建立一个积极议程。

我本人关于抗议运动的研究也支持图费克奇的结论。新社会运动，无论是西班牙的愤怒运动（Indignados）、占领运动（Occupy），还是欧洲其他反对紧缩政策的运动，在一段时间内成功地展示了公民抵抗的力量。但它们未能产生持久的政治影响。抗议者的反制度文化和他们对任何具体意识形态的排斥注定了他们的无关紧要。你可以用一条推特引发一场革命，但你不能用推特让一个政府上台。毕竟，就连唐纳德·特朗普也需要共和党机构的一些帮助。对于这些抗议运动，人们记住的是视频，而不是宣言；是事件，而不是演讲；是阴谋论，而不是政治小册子。它们是一种没有代表的参与形式。因此，仅有的两个从反紧缩青年运动中诞生的重要政党——希腊的激进左翼联盟和西班牙的社会民主力量党（Podemos）——与抗议者的梦想略有相似，这绝非偶然。两者的组织方式都是传统的，它们的成功在很大程度上取决于各自领导人阿列克西斯·齐普拉斯和巴勃罗·伊格莱西亚斯（Pablo Iglesias）的声望。

看似很清晰，其实是一团迷雾。抗议的公民希望改变，但憎恨任何形式的政治代表。他的社会变革理论基于来自硅谷的广告，他重视颠覆性，嘲笑政治蓝图。他渴望政治共同体，但拒绝别人的领导。他会冒险与警方发生冲突，但又不敢冒险信任任何政党或政客。伦敦经济学院的玛丽·卡尔多（Mary Kaldor）一直在研究欧洲的新社会运动，他解释说，虽然这些运动具有跨国的身份，来自不同国家的抗议者之间保持着不断的联系，但是在街头活动人士的热情和兴趣中，欧洲的理念和欧盟的现实几乎完全缺失。自发性往往是局部的。

没有代表的民主理念使得任何关于欧盟未来的严肃讨论都几乎不可能。没有代表，统一的欧洲就无法存在。但是，年轻的亲欧盟活动人士不妥协、反制度的精神使一个统一的欧洲成为不可能。更令人不安的是，亲欧盟青年的政治动员导致了激进左翼联盟和社会民主力量党等政党的出现，它们将民主的理念与国家主权的理念紧密联系在一起。尽管这些政党由亲欧盟的年轻人组成，但他们的合法性往往建立在反对布鲁塞尔的基础之上。因此，亲欧洲人士将其视为青年政党，这一事实成为一个弱点，原因有三。首先，在欧洲年轻选民是一个不断萎缩的少数群体。第二，即使他们对政治充满激情，年轻人也没有去投票的习惯。第三，年轻人的支持让自由派政客相信，他们今天面临的问题将会在老一辈人去世后消失，而这是一种严重的错觉。

布鲁塞尔悖论

希腊前财政部长乔治·帕帕康斯坦丁努（George Papaconstantinou）在他的回忆录中忿忿不平地写道："在我自己的国家，我是不受欢迎的人，许多人因为我们所处的危机和他们个人的困难而指责我。而我不过是那个当音乐散尽，打开灯并告诉大家派对结束的人。……因此，多年来我一直生活在一种特殊的'软禁'之中，显然我已经是老鼠过街人人喊打了。"[①] 帕帕康斯坦丁努不和几十年来肆意掠夺国家的腐败政客同流合污。他不是一个把政治权力转化为金钱的超级富豪，也不是 20 世纪统治希腊的精英政治家族的一员。他只不过是欧洲精英政治家的一个典范，出身于普通家庭，受过良好教育，在希腊社会的等级阶梯上不断攀登。他之所以被邀请加入乔治·帕潘德里欧的政府，并不是因为他的意识形态，而是因为他的能力和正直。结果，他却成了希腊最遭人憎恨的人之一。

今天的世界十分复杂，因此和以往任何时候相比，都更加需要帕帕康斯坦丁努和其他来自欧洲大陆的精英奋斗

---

① George Papaconstantinou, *Game Over: The Inside Story of the Greek Crisis* (Athens: Papadopoulos, 2016), 10.

者的专业知识和专业精神，但是为什么他们会遭到人们的憎恨呢？为什么那些为了把孩子送到世界上最好的大学而努力工作的人拒绝相信从这些大学毕业的人呢？正如支持英国脱欧的政治人士迈克尔·戈夫（Michael Gove）所说，人们“已经受够了专家”，怎么可能会是这样呢？

如今，从欧盟的民主赤字或其世界性组成的角度来讨论欧盟危机已成为一种时尚。但真正的核心问题是精英主义社会愿景的危机。这一点在对贤能精英日益增长的不信任中得到了最充分的体现。是否有可能拥有在国内外都合法的精英，这是欧洲一体化方案的关键问题。我们需要理解为什么精英人士虽然远非最富有或最腐败的人，却会如此不受信任。

显然，精英政治——一种将最有才华和能力的人置于领导地位的体制——比富豪政治、老人政治、贵族政治，甚至可能还有民主政治（多数人的统治）都更加可取。但我们今天看到的是一场完全与这种社会愿景背道而驰的不信任投票。

欧洲的贤能精英之所以被憎恨，并不仅仅是因为愤怒的民粹主义者偏执的愚蠢，或是普通人的困惑。英国社会学家迈克尔·杨（Michael Young）在20世纪中叶创造了

“贤能政治”这个词，他不会对事态的转变感到惊讶。[①]他最早指出，尽管“贤能政治”对大多数人来说听起来不错，但一个实行贤能政治的社会将是一场灾难。它将创造一个由自私傲慢的成功者和愤怒绝望的失败者组成的社会。这将不是一个不平等的社会，而是一个根据成就的差异来证明不平等是合理的社会。他明白，贤能政治的胜利将导致政治共同体的丧失。

当分析人士回顾英国脱欧公投时，他们往往一致认为，决定公投结果的是一个关键的自下而上的驱动因素，即“选民的结构和态度发生了缓慢但无情的转变，中产阶级和持社会自由主义观点的大学毕业生日益占据主导地位”[②]。在20世纪60年代，英国有工作的人有一半以上从事体力劳动，只有不到10%的选民拥有大学文凭。到了21世纪初，工人阶级的人数已经减少到就业选民的五分之一左右，而超过三分之一的选民是大学毕业生。突然之间，没有人真正对工人阶级感兴趣了。当然，蓝领工人并没有失去他

---

① Michael Young, *The Rise of the Meritocracy 1870—2033: An Essay on Education and Society* (London: Thames and Hudson, 1958).

② Robert Ford and Matthew Goodwin, “Britain After Brexit: A Nation Divided,” *Journal of Democracy* 28 (January 2017): 17—30.

们的政治重要性，但他们开始被分析人士视为研究意义有限的群体。与此同时，大学毕业生人数急剧增加，他们倾向于自由主义，这就造成了他们和剩余的工人阶级之间的文化鸿沟。移民问题是这两种英国人发生冲突的阵地之一。一个世纪前，进步人士希望教育成为创造更多社会凝聚力的工具，但今天教育却成了导致社会分裂的原因。

让贤能精英如此令人难以忍受（尤其是在那些在社会经济竞争中无法胜出的人心中）的，与其说他们的学历，不如说是这样一个事实，即他们坚持认为他们之所以成功，是因为他们比别人更努力，更有资格，通过了别人没有通过的考试。

在欧洲，贤能精英是一种唯利是图的精英，其成员的行事方式与在欧洲大陆最成功的俱乐部之间转来转去的足球明星很相似。他们完全符合前面提到的大卫·古德哈特对“从任何地方看世界的人”的定义。成功的荷兰银行家搬到了伦敦，能干的德国官僚们前往布鲁塞尔。就像足球俱乐部一样，欧洲的机构和银行花了大量的钱来招揽最好的“球员”。

但是，当这些球队开始输球或经济放缓时，他们的球迷很快就会抛弃他们。这主要是因为除了共同庆祝胜利外，这些“球员”和他们的粉丝之间没有任何人情关系。他们不是来自同一个地方，也没有共同的朋友或共同的记忆。许多球员甚至不属于他们的球队所在的国家。你可以钦佩那些被雇佣的“明星”，但你没有理由为他们感到遗憾。在贤能精英的眼中，他们在国外的成功就是他们才能的证明。但是在许多人看来，这种流动性正是不应信任他们的理由。

人们之所以会对他们的领导者产生信任，不仅仅是因为他们的能力、勇气和承诺，还因为他们意识到，在危机时刻，他们的领导人会蹲下来帮助解决问题，而不是奔向最近的紧急出口。吊诡的是，让人们对这些贤能精英如此充满怀疑的，正是他们的“可转换能力”，也就是说他们同样适合在保加利亚或孟加拉国经营一家银行，或同样适合在雅典或东京教书。人们担心，在困难时期，贤能精英们会选择扬长而去，而不是共同分担。从这个意义上说，贤能精英与拥有土地的贵族精英形成了鲜明对比，后者专注于自己的地产，即使想离开也无法带走自己的地产。他们还与前苏东的精英形成对比，后者总是拥有更好的商品、更好的医疗保健和更好的教育，但是不能随便离开，而相对而言，普通人要想移民反而更加容易。普林斯顿大学历史学家斯蒂芬·科特金（Stephen Kotkin）指出，前苏东的精英是“没有出口”的精英，而全球化和欧洲一体化时代的贤能精英则是“没有忠诚”的精英。

传统的贵族精英们有自己的义务和责任，并被培养来履行这些义务和责任。城堡墙上祖祖辈辈的画像凝视着他们，这些先辈们也曾履行过同样的职责，这意味着他们对待这些职责非常认真。例如，在英国，来自上层阶级的年轻男性在第一次世界大战中死亡的比例大于下层阶级的比例。相比之下，新的精英阶层接受的训练是如何管理，而不是作出牺牲。他们的孩子从未在任何战争中阵亡（甚至没有参战）。新精英阶层的性质和可转换性使他们实际上独立于自己的国家。他们不依赖本国的教育体系（他们的孩子上私立学校）或国家医疗服务体系（他们能负担得起更好的医院）。他们失去了共享所在社会的激情的能力。人们认为精英阶层的这种独立性是公民权力的丧失。贤能精英之间的联系非常紧密，但他们的网络是横向的。保加利亚索非亚的著名经济学家与他在瑞典的同事们非常熟悉，但他对那些在技术官僚考试中失败的同胞既不了解也不感兴趣。他非常怀疑自己能从他们身上学到什么。

因此，毫不奇怪的是，忠诚——对种族、宗教或社会团体的无条件忠诚——是欧洲新民粹主义吸引力的核心。

民粹主义者承诺人们不会仅仅根据他们的贤能来评判他们。即使不能承诺公正，他们至少可以承诺团结。贤能精英们把社会想象成一所学校，一边是争取奖学金的优等生，一边是街头斗殴的辍学者，而民粹主义者认可这样一种愿景：社会是一个家庭，成员之间相互支持，这不仅仅是因为每个人都值得拥有这种支持，还因为每个人都有共同之处。

民粹主义挑战的核心是关于精英的本性和义务的斗争。与一个世纪前不同，今天民粹主义领导人对产业国有化不感兴趣，而是承诺将精英阶层国有化。他们不承诺拯救人们，而是承诺要和他们在一起。他们承诺重新建立被全球化所消除的国家和意识形态限制。他们称赞那些不会说外语的人，那些没有其他地方可以去的人。简而言之，民粹主义者向选民承诺的不是能力，而是亲密。他们承诺重新建立精英阶层和人民之间的联系。在今天的欧洲，越来越多的人发现这一承诺很有吸引力。

美国哲学家约翰·罗尔斯（John Rawls）认为，在一个贤能政治的社会中成为失败者，并不像在一个公开不公正的社会中成为失败者那样痛苦。他表达了很多自由主义者的心声。在他的观念中，游戏的公平性会让人们接受失败。今天看来，这位伟大的哲学家可能错了。

贤能精英阶层的危机至少在一定程度上解释了欧洲的领导力危机。人们经常听到的“领导力”一词有两种截然不同的含义，这取决于它是在什么地方使用的。在布鲁塞尔和许多国家的首都，对领导力的要求意味着对民粹主义压力的抵制，以及实施最理性、最有效政策的勇气。在欧洲大陆这些精英云集的地方，它指的是一个只有正确答案才能通过的测试。在这些精英人士看来，欧盟的政治危机主要是一场沟通危机，因为布鲁塞尔方面未能有效解释其政策。

但在欧洲大陆去工业化和经济萧条的地区，对领导力的诉求意味着一些非常不同的东西，那就是牺牲和忠诚。人们希望领导人宣布他们愿意承担危机的成本，并公开展示他们对社会的义务。从这个角度来看，欧洲一体化方案的危机本质上与其说是民主赤字的产物，不如说是对重新想象贤能精英社会愿景的诉求。对欧洲来说，不幸的是，贤能精英与民粹主义者之间的冲突以退出派与忠诚派之间的政治冲突的形式出现。在过去 50 年里，将军们比任何时候都更受欢迎，这并非偶然。只要看看特朗普政府的组成就会发现，民粹主义的政府是由将军和企业高管组成的，前者知道如何保卫自己的国家，而后者善于做出无情的决策。

公投的破坏性

美国政治学家 E. E. 谢茨施耐德（E. E. Schattschneider）写道：选民是“一个词汇量仅限于两个词的主权者，即‘赞成’和‘反对’”。他基本上是对的。公民倾向于认为，只有表示“反对”以及偶尔表示“赞成”，他们的声音才会被统治阶级听到。因此，当传统政党的支持率大幅下降、人们对民主制度的信心受到质疑时，许多人认为，走向某种形式的直接民主是改革民主制度的途径。

全民公投的合法性问题是关于民主最古老的争论之一。直接民主的拥护者认为，除了选举政府，直接民主是公民影响公共政策最合理、最透明的方式。在他们看来，公投可以产生明确的授权（这是选举通常做不到的），激发公众辩论，教育人民，从而实现知情公民社会的民主梦想。

反对直接民主的人不同意这种观点。他们坚持认为，公投不是赋予人民权力的最好方式，而是操纵人民的最不正当的方式。用撒切尔夫人的话来说，公投是“独裁者和煽动者”的一种手段。由于公民投票孤立地看待问题，它们危险地把复杂的政策问题简单化，并往往导致政策上的不连贯，其结果是人们可能批准相互矛盾的措施。人们普遍认为，如果在同一天要公民为增加社会支出和减税投票，他们可能会同时支持这两项，而政客们非常清楚，减税将使增加社会支出成为不可能。直接民主的批评者还认为，公投通常是由情绪而不是争论决定的。他们并不认为公投能促进公民参与，而证据也证实了这一点。随着全民公投的激增，欧洲各地参加全民公投的人数中值已经从 20 世纪 90 年代初的 71% 下降到过去几年的 41%。

下面的内容并不是关于直接民主的利弊的争论。相反，我要说的是，在一个像欧盟这样的政治结构中，有很多共同的政策，但共同的政治更少了。在没有人能阻止成员国就可能对欧盟其他国家产生重大影响的问题进行投票的情况下，大规模的全民公投是让欧盟变得难以治理的最快方式。这甚至可能会引发一场“银行挤兑”，从而加速欧盟的解体。欧洲不可能以全民公投的形式存在，因为欧盟是一个谈判的空间，而全民公投是人民的最终决定，会阻止进一步的谈判。因此，公投是一种政治工具，很容易被持欧洲怀疑论的少数派和对欧盟持悲观态度的政府滥用，以阻碍欧盟的工作。如果欧盟自杀，使用的武器很可能是一场或一系列全民公投。

一次猛烈的冲击能以惊人的速度把不可想象的事情变

得不可避免。这正是英国人投票脱离欧盟后欧洲所发生的情况。这种冲击尤其令人痛苦，因为欧洲和英国的精英们已经成功地说服了自己，“留欧”阵营将占上风。专家、民调专家、市场——几乎所有人都预测英国将留在欧盟。在第一轮投票结果公布前的几分钟，政治博彩公司给出了惊人的 93% 的获胜概率。当然，所有的预测都被证明是错误的，一切都在一夜之间改变了。

英国脱欧公投在全球范围内产生了巨大的冲击波，震动了金融市场，吓坏了政治领导人，引发了影响深远的政治辩论。 如果说脱欧前一天，欧洲人还在争论哪个国家将成为下一个加入欧盟的国家，那么脱欧后的第二天，问题就变成了谁将成为下一个离开欧盟的国家。有一个著名的心理学实验，让一个人快速地看猫的图画，并不断地问他看到了什么。果然，他会说看到了猫。然后，将猫的画偶尔与狗的画混在一起，但这个人依然坚持说看到的只有猫。很快，有人大喊他的名字，分散一下他的注意力。当这个人再次看图画时，就开始看到狗了。2016 年 6 月 23 日晚上英国人投票离开的那一天，欧洲发生的就是这种情况。人们终于可以看到狗了。

历史学家们很快就会想起，公投伴随着欧洲在 20 世纪最后十年目睹的两次重大解体，即苏联的解体和铁托时期南斯拉夫的暴力内爆。南斯拉夫各共和国的全民公决引发了铁托的联邦的崩溃，而在苏联，以一种自相矛盾的方式，1991 年 3 月，9 个苏联加盟共和国进行的全民公决导致了苏联的解体。这次投票表明，各个民族共和国是苏联政治生活的中心，而苏联已经日薄西山。从中可以得出的教训是，即使多数人投票反对，公投依然可能会导致分裂。

关键的一点是，尽管悲观主义者对公投将摧毁欧盟的担心是对的，但他们害怕的是错误的公投。尽管在英国脱欧之后，我们看到欧洲人越来越希望举行决定去留的二元公投，但民调显示，随着时间的推移，大多数欧洲国家对最终决定权的渴望有所下降。在绝大多数成员国，举行传统的“去 / 留”公投的可能性相当有限。当然，这种情况可能会发生变化，但就目前而言，这种公投的吸引力已经下降。在经历了英国发生的事情之后，亲欧盟的精英们几乎不会冒险触发“核选项”，而这就是所谓的“卡梅隆效应”。此外，2016 年举行的所有公投的共同之处在于，政府从未实现其目标。公平地说，民粹主义者宁愿威胁举行留欧公投，也不愿真正举行公投。毕竟，他们已经从英国脱欧事件中看到了成功的反欧盟公投所带来的问题。他们倾向于采取的策略很可能是，坚持把每一次选举都变成关于欧盟的非正式全民公投，而不是明确要求就退出欧盟举行一场直接的投票。

我们需要关注2016年发生的另外三场公投，而不是仅仅专注于英国脱欧式的公投。效仿赛尔乔·莱昂内（Sergio Leone）经典意大利式西部片的套路，我们分别称它们为勇敢的、卑鄙的和丑陋的。勇敢的是意大利前总理马泰奥·伦齐（Matteo Renzi）在12月举行的公投，卑鄙的是4月荷兰围绕是否支持欧盟与乌克兰达成的联系国协定而举行的公投，丑陋的是维克托·欧尔班在10月就欧盟难民政策举行的公投。这三场公投比其他任何事件都更能说明，欧盟解体的风险正在演变为一种交通事故。

勇敢的公投

2016年春天，马泰奥·伦齐萌生了举行公投的想法，这应该不足为奇。在金融市场和欧盟高层成功将西尔维奥·贝卢斯科尼赶下台5年之后，意大利仍是欧盟危机的主要受害者之一。意大利经济处于一种长期停滞状态，其银行尤其脆弱。意大利的政治体系仍然像以往一样两极分化，效率低下，此时国内兴起的“五星运动”政治抗议就表明了这一点。与此同时，意大利已成为大多数难民和移民抵达欧洲的门户。在2016年巴尔干通道关闭后，意大利成为欧洲移民危机的中心。雪上加霜的是，马泰奥·伦齐无须面对选民就成为了意大利总理。在一个政治问题通常通过公民投票来决定的国家，这位年轻的新总理很可能会铤而走险，通过投票来获得合法性和大众对政治体制改革的支持，而这种改革将会带来更加有效的决策过程。这一切都不足为奇。意大利在野党不愿在议会和参议院支持伦齐的改革方案，这使得公投不可避免。

伦齐向意大利人民提出的问题信息量很大：“你是否赞成宪法中关于‘超越平等两院制、减少国会议员人数、控制机构运营成本、镇压意大利全国经济劳工理事会和修改宪法第二部分第五章的规定’的内容？”伦齐有多个目标：削弱目前和众议院旗鼓相当的参议院的权力，从而改革意大利功能失调的“否决政治”(vetocracy)，将参议员人数从315人削减到100人，剥夺参议院对政府进行不信任投票的权利，结束参议院的直接选举，取而代之的是由21个地区市长，74个地区委员会主席和5个由总统任命的成员。拟议中的改革将削弱意大利20个地方政府的权力，将能源、基础设施和外贸等问题上的权力移交给中央政府。改革派人士表示，这将每年削减 5 亿欧元的政治成本，并通过结束长达几十年的议会推诿，加快立法进程。如果这次公投成功，“完美两院制”的体系将会终结，从而赋予政府更多权力，使立法更快通过。投票前的民意调查显示，这位总理成功的概率很高，公投将有助于将他定位为对现状的反叛者，迫使他的对手捍卫现有的政治混乱局面。用伦齐本人的话来说，改革是一场“怀旧与未来之间的斗争，是那些因循守旧的人和那些锐意进取的人之间的斗争”①。

2016 年 12 月 4 日，超过 65% 的选民投票，其中 59% 的人投了反对票，近 41% 的人投了赞成票。伦齐的宪法改革提议遭到断然否决，他被迫辞职。分析人士猜测，正是这位总理自己做出的在选举失败后辞职的承诺，让投票从对选举制度的评估，变成了对一位有争议的总理的野心的判断。然而，对于如果伦齐没有做出这样的承诺，结果会有怎样的不同，我们只能推测。

在投票当天，意大利就像一个面对手术日期临近的病

① “Italy Referendum ‘Is a Choice between Nostalgia and the Future,’” *The Local*, November 7, 2016. https://www.thelocal.it/20161107/italy-referendum-is-a-choice-between-nostalgia-and-the-future.

人，决定冲出医院。政府的失败让市场更加怀疑意大利应对危机的能力。这削弱了意大利在与布鲁塞尔谈判中的地位，并加剧了欧洲大陆民众对欧洲的悲观情绪。用法国极右翼国民阵线的玛丽娜·勒庞（Marine Le Pen）的话说："在希腊公投和英国脱欧后，这次意大利的公投意味着有一个民族想要抛弃那些让欧洲大陆陷入贫困的荒谬政策。"①

伦齐在公投中的失败表明了一点，那就是在当前欧洲危机的背景下，当公民已经对民主机构失去信任、政府被视为人民的敌人时，任何试图利用公投来动员人们支持改革的做法都极有可能弄巧成拙。或许政府或议会有权提出公投的问题，但决定回答什么问题的是民众。

卑鄙的公投

2015年，荷兰议会通过了一项新的全民公决法，允许

① "Italian Referendum Result Is Unhelpful for EU, but Not a Fatal Blow," *The Guardian*, December 5, 2016. https://www.theguardian.com/world/2016/dec/05/italian-referendum-result-eu-eurosceptics-far-right-austria-matteo-renzi.

公民呼吁对议会两院都已通过的法案进行协商性公众投票。只要有超过 30 万公民联名请愿，就可以对“有争议性”的法律和条约发起“咨询性的全民公投”。用六六民主党①的议员杰拉德·斯豪（Gerard Schouw）的话来说，公投倡议是重获公民信任的一种方式。正如他所指出的：“这条法律将给公民一个认真表达他们观点，并在决策过程中发出重要声音的机会。”②荷兰社会中反精英、反欧盟情绪的升级，主要是由公民对移民的反对和欧盟扩大引发的，这使得主流政党不可避免地会寻求各种方式来表明他们愿意倾听人民的关切。然而，最终的结果是，新的倡议与其说是给了人们发言权，倒不如说是放大了荷兰社会中欧洲怀疑派发出的噪音。

利用新立法创造的机会，一群持欧洲怀疑态度的组织开始收集签名。他们成功收集了 42 万多人的签名，组织了

---

① 译注：六六民主党（荷兰语：Democraten 66，缩写为 D66），成立于 1966 年，是荷兰中间派社会自由主义和进步主义政党，该党的主要目标是政治制度的民主化，期望能实行美式总统制度。

② “Over 440,000 Dutch Call for Referendum on Ukraine EU Treaty,” *Dutch News*, September 27, 2015. http://www.dutchnews.nl/news/archives/2015/09/over-440000-dutch-call-for-referendum-on-ukraine-eu-treaty/.

一场公投来回答这个问题："你是支持还是反对批准欧盟与乌克兰业已签署的联系国协定？"参加投票的合格选民只有32%，其中61%的人投了反对票。虽然这次公投只是咨询性的，不具约束力，但投票率超过30%（虽然勉强超过30%），而且多数人投了反对票，这使得公投结果有了表面上的合法性——尽管公投是针对一个绝大多数公民根本不感兴趣的问题。谁能否认，除了政府，没有一个人读过整个两千多页的协定？然而，这一结果迫使政府重新审视其立场，并让欧盟在乌克兰问题上脆弱的共识受到质疑。

用一位评论人士的话说，"关注欧盟和乌克兰之间联系国协定的决定并不是针对这一协定本身，而是针对他们（GeenPeil，一个颇具煽动性的荷兰博客）认为的荷兰选民在欧盟缺乏影响力这一事实"。这听起来可能有悖常理，但这次公投是一个有用的机会，用来动员欧洲怀疑论者在一个对支持欧盟的人来说没有重大影响的问题上投票。

一旦我们明白了这次公投主要是为了吸引欧洲怀疑论者，就很容易理解为什么执政党对公投的反应如此消极了。他们担心公众舆论会有"反对"的情绪，所以他们把希望寄托在投票率达不到30%的门槛上。各主要政党也不敢公开游说支持抵制全民投票，因为这样做将与提出全民投票的新立法旨在允许人民表达他们想法的说法相抵触。对欧盟持怀疑态度的阿姆斯特丹大学教授埃瓦尔德·恩格尔顿（Ewald Engelton）写道："这次公投的天才之处在于它没有后果。无论如何，条约都会被批准。这是一个非常清楚的民意调查：是支持还是反对，这才是问题所在。"① 可悲的结论是，荷兰的这次公投强有力地表明，投票可能会被持欧洲怀疑态度的少数派利用，通过推动亲欧盟的政府在公众不感兴趣的问题上团结起来，从而导致布鲁塞尔的集体决策过程瘫痪。

丑陋的公投

2016 年夏秋两季，在匈牙利游览的外国人肯定会注意到政府在全国各地设置的一系列广告牌，这些广告牌的颜色和欧盟旗帜一样，都是蓝色的，并提出一个问题："你知道吗？"

反移民的执政党青民盟（Fidesz Party）发起了一场大规模的公关活动。人们看到数以千计的政府赞助的广告牌，

① Simon Otjes, "Could the Netherlands' Referendum on Ukraine Really Create a 'Continental Crisis'?" http://blogs.lse.ac.uk/europpblog/2016/01/26/could-the-netherlands-referendum-on-ukraine-really-create-a-continental-crisis/.

上面写着：“自从移民危机开始以来，欧洲已经有超过 300 人死于恐怖袭击，你知道吗？”“布鲁塞尔想把整个城市的非法移民安置在匈牙利，你知道吗？”“自移民危机开始以来，对女性的骚扰在欧洲急剧上升，你知道吗？”“仅利比亚就有近 100 万移民想要来到欧洲，你知道吗？”政府希望匈牙利公民了解这些“事实”，10 月 2 日，他们被问及“你希望欧盟在没有议会同意的情况下强制在匈牙利安置非匈牙利公民吗？”

通过捍卫就欧盟难民政策举行公投的想法，匈牙利总理维克托·欧尔班坚持认为：

> 首先，我们认为匈牙利政府选择的全民公投的道路是一条欧洲解决方案，这是欧洲政治的一个特点，我们也诚心诚意地把它推荐给其他国家。政府认为民主是欧洲的核心价值观之一，欧盟也是建立在民主基础之上的。这意味着，我们可能不会越过人民，违背欧洲人民的意愿，做出极大地改变人们的生活并决定未来几代人生活的决定。难民分摊配额将重新绘制匈牙利和欧洲的种族、文化和宗教地图。匈牙利政府认为，无论是欧盟、布鲁塞尔还是欧洲领导人都无权这

么做。事实上，没有任何一个欧洲机构被赋予这样的权力。迄今为止，还没有人问过欧洲人，他们是想要、接受还是拒绝引入强制性配额制度。我们匈牙利人相信——我也相信政府在选择举行全民公决时是屈服于公众的普遍愿望——在没有得到人民同意的情况下引入强制性的安置配额无异于滥用权力。因此，我们将就这一问题咨询匈牙利人民，正如我们当年曾经就匈牙利加入欧盟的问题咨询他们一样。……只有我们这些匈牙利议会的民选代表，才能做出这个决定。①

要想了解欧尔班提议公投背后的动机，我们有必要认识到，政府决定让人们就匈牙利社会少数达成共识的问题之一进行投票，那就是要反对布鲁塞尔将难民安置在不同欧盟国家的决定。政府要求人们投票不是因为它对他们的意见感兴趣，而是因为它已经知道他们的意见。2016 年 10 月 2 日在匈牙利举行的公投，实际上是为了向布鲁塞尔传递一个信息。通过组织这次公投，总理欧尔班希望实

① Prime minister Viktor Orbán's press conference, February 24, 2016. http://www.kormany.hu/en/the-prime-minister/the-prime-ministerpeeches/prime-minister-viktor-orban-s-press-conference.

现三个简单的目标：向公众证明他是国家利益的真正捍卫者，从而边缘化与他争夺民族主义者选票的极右翼祖碧党（Jobbik Party）；向布鲁塞尔发出信号，匈牙利将坚定地拒绝欧洲针对难民危机的配额制度；向欧洲公民展示，匈牙利总理是新保守主义欧洲的真正领袖，将保卫国家边界，并努力将权力从布鲁塞尔转移到各国的首都。

为了实现这些目标，匈牙利政府花费了近 5 000 万欧元的公共资金（据 atlatszo.hu 报道），匈牙利公共电视台也投入了 95% 的竞选时间来重申政府的立场。相比之下，英国政府在脱欧问题上花费的资金还不到 700 万欧元。最后，匈牙利政府在宣传上每人花费了 5 欧元，而英国人在宣传上每人只花费了 0.66 欧元。政府还向国内外的匈牙利人发送了 400 多万本全彩小册子，阐述为什么匈牙利人应该对欧盟难民政策投反对票。具有讽刺意味的是，政府之所以能够如此大手笔地支出，正是因为来自布鲁塞尔的数十亿欧元。

公投的结果让政府感到震惊。虽然超过 90% 的投票者支持政府的立场，但大多数人选择呆在家里（根据反对派的提示）或投了无效选票（有 20 万这样的人）。在竞选过程中，一群喜欢恶作剧的人组成的“双尾狗党”与 22 个非政府组织一起，成为政府的主要对手，而他们可能是笑到最后的人，因为由于投票数量不足，这次投票无效。

尽管匈牙利的公投没有产生决定性的结果，但它表明，全民公决可以被用作一种“国家否决权”，以阻碍已经达成一致的欧洲共同政策的实施。与意大利和荷兰的公投一样，它也说明了欧洲潜在的致命公投难题。欧盟成员国的自由民主危机是一种普遍感觉的产物，这种感觉自 2008 年金融危机以来显著恶化，那就是个人投票对欧洲政策没有什么意义或影响。然而，这个直接民主的元素很可能最终导致欧盟的沉沦。

意大利的公投清楚地表明，当机构改革是人们期望的结果时，公投是一种不可靠的工具；荷兰的例子清楚地表明，公投会被用来导致欧盟陷入瘫痪，而匈牙利的例子则表明，公投可能会被用来推进明确的反布鲁塞尔行动。这三种形式的公投都有能力塑造欧盟的政治动态，并为一种彻底的欧元悲观主义注入力量，这种悲观主义远远超过了近年来的欧洲怀疑论。

结论

布哈斯堡帝国[①]：

对欧洲脆弱性和韧性的反思

① 译注：此处作者玩了一个巧妙的文字游戏，在哈布斯堡帝国的英文表达“Hapsburg”前面加了一个“per”，变成了“Perhapsburg”，“perhaps”在英文中意为“或许”，以表达欧洲前途未卜之意，本书责编陈哲泓老师建议将其译为“布哈斯堡帝国”，一字之颠倒，妙哉！

切斯瓦夫·米沃什（Czesław Miłosz）在1951年写道："人类往往认为他生活的秩序是自然的。他上班路上经过的那些房子，与其说是人造的，倒不如说更像从地下拔地而起的岩石。他在办公室或工厂里做的工作对世界的和谐运转至关重要……他不敢相信有一天，一个骑手会出现在他熟悉的街道上，那里有猫在睡觉，孩子在玩耍，并开始用他的套索捕捉路人。总之，他的行为有点像《淘金热》中的查理·卓别林，在悬崖边摇摇欲坠的棚屋里忙碌。"①

对欧洲人来说，欧盟曾经就是这样一个自然的世界，但现在不是了。1917年，欧洲历史发生了翻天覆地的变化。

---

① Czesław Miłosz, *The Captive Mind* (New York: Vintage; reissue edition, 1990).

它引发了欧洲的内战，直到1989年才结束。2017年可能最终也会变得同样重要。荷兰、法国、德国，很可能还有意大利的重要选举，可能会加剧欧洲解体的进程。希腊可能会选择在2017年退出欧元区。欧洲首都发生的重大恐怖袭击，或欧洲周边地区的武装冲突和新一波难民潮，都很容易将欧盟推向崩溃的边缘。英国脱欧和特朗普当选美国总统，已经颠覆了对欧洲未来存续的预测，而且对欧洲不利。

如果说欧盟的解体直到最近还被认为是不可想象的，那么在英国脱欧之后，这在许多人看来则几乎是不可避免的。就在移民危机改变了自由民主政体的本质之际，欧洲已被欧洲大陆各地民粹主义政党的崛起所击溃。

欧洲的“民主”长期以来一直是包容的工具，现在正慢慢地转变为排斥的工具。冷战后早期对少数派友好的政权正在被公开不容忍和反多元化的多数主义政权所取代。一个没有边界的欧洲的梦想（现在是幻想）正在被一个充满障碍的大陆的严峻现实所取代。

在欧洲的许多地方，人们越来越担心民粹主义浪潮无法逆转。唐纳德·特朗普宣誓就任美国总统那天，法国极右翼领导人玛丽娜·勒庞宣称，“欧盟已经死了，但它还不知道”。

事实真的是这样吗？

公平地说，欧盟（正如我们所知道的那样）已经不复存在。精明的投资者正押注欧盟出局。即使是对欧盟友好的分析人士也倾向于同意，如果欧盟想要生存下去，它既不能在现有的边界内生存，也不能在现有的宪法框架下生存。但这是否意味着欧洲一体化方案已经结束？亲欧洲的自由主义者应该放弃他们的希望吗？

在这一点上，似曾相识的心态给我们上了一课。目睹过重大历史逆转的人都知道，历史决定论是一种幻觉，是精神崩溃边缘者的鸦片。

马基雅维利坚持认为，投降是一个坏主意，因为我们永远不知道命运会为我们准备什么惊喜。在马基雅维利看来，政治中有“好时辰”和“坏时辰”，好的统治者不是能够抵御“坏时辰”的人，而是能够在公民中积累足够的善意、帮助自己度过这些坏时辰的人。

这本小册子的观点是，欧盟今天正在经历一段非常糟糕的时期，被无数危机撕裂，这些危机损害了欧洲大陆各国公民对一体化方案未来的信心。因此，欧盟的解体是最有可能的结果之一。然而，吊诡的是，2017 年带来了新的希望，而这在2016年是没有的。没有人预料到英国脱欧公投或美国总统大选的结果。这两件事所引起的震惊向我们传达了一个信息，那就是我们对世界的了解并不如我们所认为的那样多。因此，在2017年，我们面临一种截然不同的局面。我们不仅意识到不可想象的事情会发生，而且实际上希望它发生。我们害怕但也预料威尔德斯（Wilders）将成为荷兰选举的大赢家，玛丽娜·勒庞将最终成为法国新总统（这可能会终结欧盟），默克尔在德国政坛的辉煌时刻已经结束。所有这些都有可能发生，但也有可能不会发生。在荷兰，威尔德斯已经输掉了一场选举。尽管民粹主义政党可能会表现良好，但他们不会在所有地方都取得胜利。英国脱欧后，欧盟主要成员国希望本国脱离欧盟的人数有所下降。很有可能，欧洲公众会对欧盟更有信心，不是因为它变得更好了，而是因为它存活了下来。

事实上，欧盟的各种危机比布鲁塞尔的任何“团结政策”都更让人觉得，我们欧洲人都是同一个政治共同体的一部分。在应对欧元危机、难民问题和日益增长的恐怖主义威胁方面，欧洲比以往任何时候都更加一体化，至少在经济和安全方面是这样。

如果仔细研究一下政治解体的历史，就会发现生存的艺术是一种不断即兴创作的艺术。可能拯救欧洲的是灵活变通，而不是墨守成规。尽管大多数观察人士都在问，如何才能击败民粹主义，但在我看来，更贴切的问题是，如何应对民粹主义的腐败。妥协的精神将增加欧盟存活的可能性。为和解腾出空间应该是那些关心欧盟的人的首要任务。欧盟不应试图打败众多的敌人，而应与其打一场消耗战，并在此过程中采纳他们的一些政策（包括要求保护好外部边界），甚至采取他们的一些态度（自由贸易不一定是一个双赢的游戏）。只有在糟糕的历史教科书中，进步才是线性的。

对于欧洲领导人来说，要理解为什么哈布斯堡帝国在1918年崩溃，不如理解为什么它没有在1848年、1867年或其他任何时候更早解体。与其通过提高合法性以确保欧盟的生存，不如展示欧盟的生存能力，这将成为欧盟未来合法性的主要来源。

人们常说，欧洲因缺乏有远见的领导人而处于危险之中。但我们真的知道什么样的领导人能够拯救欧盟吗？

西班牙作家哈维尔·塞尔卡斯（Javier Cercas）在其《被剖析的一瞬》（*The Anatomy of a Moment*）中讲述了

1981 年西班牙反民主政变失败的故事。[1] 这是西班牙现代历史上最具决定性的时刻。人们仍然害怕旧政权的力量，并且已经对他们早期的民主体验感到失望。失业率保持在 20%，通货膨胀率接近 16%。关于政变的传闻甚嚣尘上。每个人都预料会发生什么事。最后，由中校安东尼奥·特赫罗（Antonio Tejero）率领的 200 名国民警卫队军官进入议会，威胁要射杀议会议员。所有人都躲到长凳下面，只有三个人在子弹呼啸而过的时候还留在座位上。他们表现出惊人的勇气，使政变注定失败。

这三位民主英雄是最不可能的同党，他们分别是总理阿道夫·苏亚雷斯（Adolfo Suarez），他是佛朗哥独裁时期登上政治舞台的政治家；西班牙共产党领导人圣地亚哥·卡里略（Santiago Carrillo），多年来他一直在指责资本主义民主的不公正；古铁雷斯·梅拉多将军，一位在内战中冒着生命危险反对民主的军官。在那灾难性的一天之前，没有人会预料到这三个人会直面盲动分子，从而确保了民主在西班牙的生存，但事实就是如此。

生存有点像写诗，甚至连诗人都不知道它将如何结尾。

---

① Javier Cercas, *The Anatomy of a Moment*, translated by Anne McLean (London: Bloomsbury, 2011).

后　记

2016年12月的最后几天，当我把本书的手稿寄给我的出版商时，震惊、绝望和宿命论交织在一起，让欧洲人的政治想象陷入瘫痪。威廉·巴特勒·叶芝的著名诗句“万物分崩离析，中心难以维系/世间一片混乱/最好的人缺乏信念/而最坏的人充满激情”① 最好地捕捉了当时盛行的情绪。在2016年前6个月，欧美媒体对叶芝诗句的引用比过去30年都要多。

欧洲深受创伤。这是欧盟历史上第一次有成员国投票决定脱离欧盟。而即将离去的成员国不是那些在边缘挣扎的遥远的东欧或南欧国家，而是英国——欧洲最古老的民

① W. B. Yeats, *The Second Coming* (Create Space Independent Publishing Platform, 2016).

主国家和自由贸易的首要倡导者。越来越多的人担心，其他成员国可能会跟随英国离开欧盟。问题不再是哪个国家将加入欧盟，而是哪个成员国将选择退出欧盟。唐纳德·特朗普2016年11月当选美国总统是又一个来自地狱的惊喜。这是美国总统第一次把欧洲团结视为实现美国在世界利益的障碍，而不是一个重要的战略目标。欧洲的精英们感到被历史抛弃和背叛。昨天还难以想象的事情——欧盟的解体——突然间变得不可避免。

本书表达了这一特定时刻的情绪，同时也是对这种情绪的反思。它正确地指出欧盟不再是理所当然的了。它正确地猜中2015年的难民危机将深刻地改变欧洲政治。它错误地预测，欧洲新近兴起的全民公投可能会导致欧盟的终结。这本书被认为充满悲观和阴郁的情绪，在某种程度上确实如此。但这也是一本充满希望的书。瓦茨拉夫·哈维尔写道："希望和乐观完全不是一回事。"希望"不是相信事情会有好的结果，而是确信无论结果如何，事情都有意义。"①

2019年夏天重读本书，知道了本书问世以来所发生的一切，我对这样一个事实很感兴趣：尽管欧盟未能解决任

① Vaclav Havel, *Disturbing the Peace: A Conversation with Karel Huizdala* (New York: Vintage, 1991), 181.

何一场令其四分五裂的危机，但这些危机之间的相互作用却奇迹般地创造了帮助欧盟生存下来的条件。欧盟一如既往地脆弱，但它维持下去的机率比三年前要大得多。

欧盟是如何在未能解决最近威胁它的任何一个危机的情况下，成功地恢复其吸引力的？欧洲新的、更乐观的情绪源自哪里？虽然现在对欧盟的信任比过去 25 年的任何时候都要高，但大多数欧洲人依然声称，欧盟将在未来 20 年内解体，这是怎么回事呢？

为什么中心得以维系？

2019 年的欧洲议会选举是一个转折点，但欧洲并没有发生转向。人们普遍认为，这些选举将成为关于欧洲一体化未来的全民公投。无论是亲欧派还是反欧派都坚信——就像在其他任何公投中一样——选民会对欧盟投赞成或反对票。事实证明：“赞成”和“反对”并不是主权选民的仅有词汇。大多数欧洲人的回答是：“赞成，但是……”尽管人们担心右翼民粹主义势力会抬头，欧洲大陆的大多数选民还是把选票投给了主流的亲欧盟政党。主要的中右翼和中左翼集团已经失去了多数席位，但他们将继续控制 751 个席位的欧洲议会。中心暂时得以维系，但是在这个立法机构中拥有最大代表权的五个政党中，有四个是反欧盟政党。

选举充满了几乎难以想象的动荡。看着选举之前所发生的事件，我想起了童年时听过的一个毫无意义的故事中一句幽默的话："罗纳德勋爵一言不发。他起身离开房间，纵身骑上马，发疯似的向四面八方跑去。"罗纳德勋爵的心态最适合欧洲普通选民的心态。在美国，政治评论员为两极分化的政治环境所困扰，在这种环境中，选民不愿改变自己的想法，而在欧洲，问题是选民无法拿定主意。YouGov 进行的一项选前调查显示，近 70% 计划投票的选民准备在选举当天重新考虑他们的选择。①

选举表明，绝大多数欧洲人渴望变革，但这种渴望可能会以截然不同的方式表现出来。在德国，变革党是进步绿党。在意大利，是反移民联盟。这并不是说主流像民粹主义者所希望的那样正在走向边缘，而是选民们正在向各个方向移动，从左到右，从右到左，从反体制到主流，然

---

① Ivan Krastev, Mark Leonard, and Susi Dennison, *What Europeans Really Want: Five Myths Debunked* (European Council on Foreign Relations, May 2019). https://www.ecfr.eu/specials/what_europeans_really_want_five_myths_debunked.

后再回来。不断跨越意识形态边界是 2019 年版的欧洲移民危机。亲欧盟和反欧盟政党之间的边界被证明是欧洲大陆上漏洞最多的边界。

2019 年的欧洲议会选举虽然没有实现民粹主义革命，但是标志着泛欧洲民粹主义右翼的诞生，这是一场可以跨越国界动员起来的政治运动。但这些选举也表明，离开欧盟不再是右翼民粹主义者的议程。就在公投前一年，欧洲有 16 个不同的政党主张退出欧盟或欧元区，到大选时，退出欧盟的选项已经从欧元怀疑论政党的计划中消失了。以承诺要摧毁欧盟为发端的欧洲民粹主义革命最后接受了这样一种观点，即欧盟解体对欧洲人来说将是一场悲剧。民粹主义右翼的言论中依然有对民族国家的怀念，但他们已经开始把民族国家的衰落视为理所当然。

1688 年，瑞士医生约翰内斯·霍费尔（Johannes Hofer）为一种新疾病创造了“怀旧”一词。它的症状主要是一种忧郁症，这种忧郁症源于对故土的渴望。那些受此折磨的人经常会听到奇怪的声音，看到鬼魂。如今的欧洲正受到怀旧情绪流行的威胁。绝大多数欧洲人相信，昨天的世界比今天更好，但他们不确定辉煌的昨天是什么时候。他们担心下一代会比他们的情况更糟，但是又不知道如何预防。那些最怀念过去的人最有可能投票支持反欧盟的政党。[①] 如果说欧洲一体化方案是由那些害怕返回过去、对未来充满希望的人建立的，那么今天的欧洲人是害怕未来、梦想过去的。

这些选举还表明，对于许多欧洲社会（尤其是东欧）来说，对移出（你的同胞离开你的国家去另一个国家）的恐惧超过了对移入（外国人试图加入你的国家）的恐惧，并且可以更好地解释对民粹主义政党的支持。高移出率的成员国倾向于支持欧盟怀疑派政党的比例更高。人口恐慌已经占据了欧洲政治的中心舞台。

但是，如果说有一个因素促使欧洲与以某种形式维护欧盟的想法达成和解，那就是英国脱欧。2016 年以来，英国发生了几乎无法想象的变化。它已经变得狭隘、混乱和无足轻重。这个曾经是世界历史上最伟大的帝国已经开始变得像一个反叛的殖民地。任何有历史感的观察者都一定会注意到英国脱欧谈判的讽刺意味。

英国花了 20 世纪下半叶的大部分时间去谈判其帝国的

---

① Catherine E. de Vries and Isabell Hoffmann, *The Power of the Past: How Nostalgia Shapes European Public Opinion* (Washington, DC: Bertelsmann Foundation, 2018).

解体。它与渴望为自己夺取权力的年轻国家打交道，同时也愿意与它们的前主人就贸易问题进行谈判。英国谨慎地就其公民留在新独立国家的权利进行谈判。总的来说，这些谈判是非常不对称的。伦敦的优势是由其高质量的官僚机构和处理贸易问题的经验决定的。一般来说，英国讨价还价的立场是稳固的，而谈判伙伴往往内部分裂，被一厢情愿的想法蒙蔽了眼睛。

在英国脱欧谈判中，伦敦发现自己正处于前殖民地的境地：迫不及待地想要摆脱“欧洲帝国”，却不得不为其“解放”付出高昂的经济代价。就像它的前殖民地在刚独立时一样，今天的英国没有足够的训练有素的专家来进行成功的贸易谈判。不出所料的是，布鲁塞尔在与英国谈判时，就像伦敦在不太遥远的过去对待其殖民地时一样，常常是很不厚道的、羞辱性的。在说服欧洲民粹主义者与欧盟和解方面，发挥了最大作用的正是目睹了英国怀旧带来的这些羞辱性后果。

中心可以继续维系下去吗？

本书实质上是对欧洲解体的意义和动力的反思。亲欧盟的精英阶层不愿定义“解体”的含义，这是欧洲一体化的核心风险。一群国家脱离欧元区或者脱离欧盟本身会构成解体吗？双层欧盟的出现会构成欧盟解体吗？还是说，它只是朝着一个更紧密、更完美的联盟迈进了一步？一个由反自由主义的民主国家组成的联盟，是否有可能继续执行同样的政治方案？

现在，当领土分裂（成员国退出）不再是欧盟主要关注的问题时，解体的其他含义（摧毁欧洲一体化的自由基础，以及欧洲二等公民的出现）正变得越来越重要。欧洲人对欧洲一体化方案的意义有如此不同的看法，他们怎么能捍卫欧洲呢？右翼民粹主义者对统一欧洲的想法越来越感兴趣，这对未来而言是一个鼓舞人心的信号，还是对欧洲一体化方案来说是一个严重的危险？简而言之，欧盟的解体仍然是萦绕在欧洲上空的幽灵——就像任何幽灵一样，它有能力在我们眼前消失，然后在我们开始以为它最终永远消失的那一刻再次出现。

这一点在“德国问题”的意外回归中表现得最为明显——只是这一次的问题不是德国是否过于强大，而是德国是否仍忠诚于欧洲。有点自相矛盾的是，难民危机余波引发的德国自信危机最初促进了欧盟的巩固。很明显，在欧洲，德国既没有很多人担心的那么强大，也没有很多人认为的那么稳定。德国人享受了一个历史上的长假，现在这个长假已经结束了。近年来，当其他欧洲社会因焦虑和愤怒而四分五裂时，大多数德国公民仍对自己的经济状况感到满意。德国民众对政客、甚至主流媒体的信任度一直很高，因此德国坚持维持现状，对撕裂其他国家社会和政治结构的问题充耳不闻。

在金融危机中，德国与其欧洲伙伴之间的差异就像一部浪漫喜剧与一部恐怖电影之间的差异那么大。但该国2017年11月的国内议会选举表明，快乐的日子已经结束，而2019年的欧洲选举更加加深了这种印象。2015年难民的大量涌入，以及由此引发的文化和人口恐慌，终结了德国例外论。一夜之间，德国变成了一个正常的欧洲国家。德国的主流政党正处于一场生存危机之中。极端主义正在抬头。公民对民主制度的信任正在下降。直到昨天还是其他国家的问题，现在突然变成了德国的问题。甚至连德国轻松统一的奇迹也受到了质疑。

在前东德的各州，定居的难民比该国其他地区少得多，而正是在这里，极右翼政党德国新选择党（Alternative for Germany）在选举中取得了最好的结果。虽然从表面上看，东西分歧可能与移民有关，但在现实中，难民危机让前东德人对两德合并遗留下来的根深蒂固的怨恨变得显而易见。正是前东德人的投票，而不是其他任何因素，迫使柏林方面承认，东德对欧洲一体化方案的疏远在很大程度上不是源于对想要来的外国人的恐惧，而是源于已经离开的德国人的创伤。这是对过去25年数百万东欧人向西移民的滞后反应。

在前东德，人口在1990年至2015年间下降了大约15%。从前苏东的欧洲向西方的大规模移民不仅损害了经济竞争力和政治发展，也让那些决定留下的人感觉自己像个失败者。在欧洲人口最稀少的地区，人们最为热情地投票支持右翼民粹主义者。以一种出人意料的方式，直到昨天还被视为在构建自由社会方面德国成功和中欧失败的故事，已经演变成了一个失败的故事，并且每个人都要为其承担责任。

希望的微光

2004年，出生于法国的美国文化评论家乔治·施坦纳在阿姆斯特丹的Nexus研究所发表了一篇题为“欧洲的概念”的演讲。[1] 在斯坦纳看来，欧洲是由咖啡馆定义的——在这些地方，可以免费获得报纸，人们可以自由地辩论思想、八卦和组织阴谋。欧洲是为行人而建的，它的城市以人为本，人可以穿梭其间，表现出人与空间的亲密关系。在欧洲，街道和广场都以政治家、诗人和科学家的名字命名，人们通过阅读城市地图来学习历史。欧洲继承了耶路撒冷和雅典的传统，因此它从来都不自在。最后，欧洲生活在一种强烈的衰亡不可避免的意识中。美国人倾向于认为他们在世界上的领导地位永远不会终结，而欧洲人——即使在他们的全球影响力和荣耀达到顶峰时——已经直觉地意识到，这一切终有一天会灰飞烟灭。

如果斯坦纳是正确的，那么悲观主义和宿命论将是欧洲认同的关键方面。这本身就是一个不要把欧洲人的悲观情绪看得太重的理由。的确，从 2009 年到 2019 年的十年危机，已经让人们对这样的愿景产生质疑，即欧盟是一个旨在“解散国家、打破主权、向世界和平迈出第一步”的方案。但它也将与此相反的愿景置于危险之中，即欧盟是一个旨在在世界舞台上聚集和投射力量——“将其国家捆绑

① George Steiner, *The Idea of Europe*（New York: Harry N. Abrams, 2015）.

成一个整体，联合他们的行动能力，从而维护他们在世界上的共同利益”的方案。[①] 在这些方面，十年的危机使欧洲人比以往任何时候都更紧密地团结在一起，至少摒弃了那些从一开始就没有成功机会的高尚幻想。

可以说，欧盟已从一个希望按照自己的形象塑造世界的传教士，转变为一个专注于保护其政治方案特殊性的修道院。修道院式的欧洲与世界其他地区的关系引发了一系列棘手的问题，这些问题不仅涉及边界的作用，也涉及权力的作用。如果没有权力的保护，这个修道院还能兴旺发达吗？他们能保持对他们特殊统治有效性的信念，同时又让它在世界上变得不那么特殊吗？

欧洲人或许可以用这样的想法来安慰自己：在等待合适的时机再次承担更雄心勃勃的使命时，修道院是一个合适的康复场所。

① Luuk van Middelaar, *Alarums & Excursions*（Newcastle upon Tyne: Agenda Publishing, 2019），3.

致谢

有时我感觉记录2016年来到欧洲的数十万难民和移民，似乎比说出影响了这本书的所有人以及让我受益于其慷慨的机构要容易些。

本书之所以能够以这样的样子呈现于读者面前，离不开莱尼·贝纳多（Lenny Benardo），他两次通读全书，并进行了编辑。全书多处都有他的真知灼见。我在这里阐述的许多想法都来自与斯蒂芬·霍姆斯（Stephen Holmes）和马克·伦纳德（Mark Leonard）的交谈。扬-维尔纳·米勒和约翰·帕拉泰拉（John Palattella）不仅详细阅读并评论了这本书，也影响了我对民粹主义的看法。索利·厄泽尔（Soli Ozel）和费奥多尔·卢基扬诺夫（Fyodor Lukyanov）向我提供了关于土耳其和俄罗斯的重要见解。我要感谢宾夕法尼亚大学出版社的编辑达蒙·林克（Damon Linker），以及我的文稿代理人托比·芒迪（Toby Mundy），感谢他们对我持续不断的鼓励。托比让我相信，在这样一个大转型的时代，只有一件事比写作一本书更糟糕，那就是根本不写。

我要感谢我在保加利亚索非亚的自由战略中心（Center for Liberal Strategies）的同事，感谢他们无条件的支持和帮助，特别是亚娜·帕帕佐娃（Yana Papazova），如果没有她，这本书永远不会完成。维也纳人文科学研究所（IWM）为我提供了充足的时间和理想的工作条件。我也从与许多研究所同事的讨论和午餐交流中获益匪浅，尤其是霍利·凯斯（Holly Case）和莎莉尼·兰德里亚（Shalini Randeria）。霍利对欧盟的热情只有一位研究19世纪欧洲的美国历史学家才能达到，作为一名整个职业生涯都在欧洲度过的印度知识分子，莎莉尼对欧洲充满了深刻的洞察。两年前，我有幸获得了为《纽约时报》撰写月度专栏的机会。这种规律性的练习训练了我的思维，而编辑克莱·里森（Clay Risen）和马克斯·斯特拉瑟（Max Strasser）帮助我更好地捕捉到当前辩论中真正重要的东西。《民主杂志》（*Journal of Democracy*）的马克·普拉特纳（Marc Plattner）允许我在他的杂志上探讨这本书的主题，并让我从他的编辑建议中受益。亚当·加芬克尔（Adam Garfinkel）给了我一个新名词“布哈斯堡”。单单这个词就促使我用另一种分析的眼光来看待欧洲。

我要感谢我的家人，我每天都和他们一起反思世界各地的事态发展。感谢我的妻子德西（Dessy），她是民事争论的大师，善于提出别人不敢问的问题。感谢我的女儿尼娅（Niya）和儿子尤图（Yoto），他们的存在促使我继续寻求对这个世界的理解，因为他们将在这个世界长大成人。

图书在版编目（CIP）数据

欧洲的黄昏 /（保）伊万·克拉斯特耶夫著；马百亮译.
—上海：东方出版中心，2021.11
ISBN 978-7-5473-1862-1

Ⅰ.①欧… Ⅱ.①伊… ②马… Ⅲ.①欧洲—研究
Ⅳ.①D75

中国版本图书馆CIP数据核字（2021）第133623号

AFTER EUROPE (Updated Edition)
By Ivan Krastev
Published by arrangement with the University of Pennsylvania Press, Philadelphia, Pennsylvania.

上海市版权局著作权合同登记：图字 09-2021-0648号

欧洲的黄昏

著　　者　［保加利亚］伊万·克拉斯特耶夫
译　　者　马百亮
责任编辑　陈哲泓
装帧设计　陈绿竞

出版发行　东方出版中心
地　　址　上海市仙霞路345号
邮政编码　200336
电　　话　021-62417400
印 刷 者　上海万卷印刷股份有限公司

开　　本　890mm×1240mm　1/32
印　　张　5.5
字　　数　76千字
版　　次　2021年11月第1版
印　　次　2021年11月第1次印刷
定　　价　45.00元